Holger Mittelstädt | Rainer Mittelstädt | Ferdinand Tewes

99 Tipps
Für Klassenlehrer

Holger Mittelstädt ist Schulleiter und Schulentwicklungsberater in Brandenburg. Er unterrichtet die Fächer Musik und Deutsch. Darüber hinaus ist er in der Lehrer- und Schulleiterfortbildung tätig sowie Autor zahlreicher Veröffentlichungen zum Thema Unterrichts- und Schulmanagement.

Rainer Mittelstädt ist Inhaber einer Werbeagentur in Bayern. Er arbeitet mit Schülern der Sekundarstufe I und II im Rahmen der Berufsvorbereitung zusammen, ist als Dozent in verschiedenen Erwachsenenbildungsstätten tätig und Autor von Veröffentlichungen zum Thema Selbst- und Zeitmanagement sowie Präsentationstechniken.

Ferdinand Tewes Ferdinand Tewes ist Mittelstufenkoordinator an einer Integrierten Sekundarschule in Berlin. Er hat 20 Jahre lang als Klassenlehrer gearbeitet und unterrichtet die Fächer Geschichte, Biologie und Sport.

Holger Mittelstädt | Rainer Mittelstädt | Ferdinand Tewes

99 Tipps
Für Klassenlehrer

Cornelsen

Projektleitung: Dorothee Weylandt, Berlin
Redaktion: Birte Meyer, Berlin
Illustrationen: Mone Schliephack, Niedernhausen-Oberjosbach
Umschlagkonzept: Magdalene Krumbeck, Wuppertal
Umschlaggestaltung: LemmeDESIGN, Berlin
Layout: Julia Walch, Bad Soden

Die Reihenkonzeption wurde von Cornelia Colditz und Claudia Kahlenberg
im Rahmen eines studentischen Wettbewerbs im Studiengang Verlagsherstellung
an der HTWK Leipzig (www.verlagsherstellung.de) unter Leitung von Julia Walch,
Bad Soden, entwickelt.

www.cornelsen.de

5. Auflage, 3. Druck 2024

Druck: AZ Druck und Datentechnik GmbH, Kempten

ISBN 978-3-589-23333-5

PEFC-zertifiziert
Dieses Produkt
stammt aus
nachhaltig
bewirtschafteten
Wäldern und
kontrollierten Quellen
PEFC/04-31-2260   www.pefc.de

Inhaltsverzeichnis

FÜR DISZIPLIN SORGEN

MIT DEN ELTERN KOOPERIEREN

ELTERNVERSAMMLUNGEN DURCHFÜHREN

FESTE UND AUSFLÜGE ORGANISIEREN

AUF KLASSENFAHRT GEHEN

Mit den Kollegen zusammenarbeiten

Den Abschied von der Klasse gestalten

Was wird von einem Klassenlehrer nicht alles erwartet? Er muss gerecht sein, sensibel, konsequent, differenziert fördern, erziehen und bewerten, Vorbild sein, Begabungen wecken und er soll eine Klassengemeinschaft formen. Diese extrem hohe und zum Teil auch widersprüchliche Erwartungshaltung spiegelt sich, zumindest indirekt, in Äußerungen wie: „Wir sind doch gar keine Klassengemeinschaft." „Mein Kind hat bei Ihnen eine Fünf. Was haben Sie falsch gemacht?" „Natürlich müssen Sie auf die Einhaltung der Regeln achten, aber meine Cynthia ist doch so sensibel."

Vor allem für Berufsanfänger, die zum ersten Mal vor der eigenen Klasse stehen, kann dieser Wust an unterschiedlichen Zielsetzungen, eigenen Hoffnungen, Erwartungen und auch Ängsten *(Schaffe ich das?)* mitunter lähmend wirken. Dabei ist dieser „Job" so ziemlich das Schönste, was man im Schuldienst machen kann. Vor allem deshalb, weil Sie als Klassenlehrer – anders als ein reiner Fachlehrer – sehr viel näher an „Ihre" Schüler herankommen. Im Unterricht des Klassenlehrers geht es noch sehr viel stärker als sonst um Werte, um soziale Kompetenzen und um gruppendynamische Prozesse, die man erkennen, bewusst steuern und auch positiv beeinflussen kann.

Ob eine Klasse „funktioniert", erkennt man eben nicht nur daran, auf welchem Leistungsniveau sie sich bewegt und wie sie bei Vergleichsarbeiten abschneidet, sondern insbesondere auch daran, wie die Schüler in der Klasse miteinander umgehen – vor allem mit den Schwächeren und den Außenseitern –, also an dem „Klima", das in der Klasse herrscht.

Letzteres zu steuern und positiv zu beeinflussen ist Ihre wichtigste Aufgabe als Klassenlehrer, die aus unserer Sicht bei Ihnen an erster Stelle stehen sollte. Was natürlich nicht heißen soll, dass Sie darüber Ihre Pflicht zur Wissensvermittlung vernachlässigen dürfen!

Wenn Ihnen dies auch nur ansatzweise gelingt, werden Sie damit belohnt werden, dass Sie und Ihre Schüler in dem riesigen, manchmal völlig unübersichtlichen und unpersönlichen Schulbetrieb eine „Heimat" finden, in der man respektvoll und vertrauensvoll miteinander umgeht. In so einer Umgebung fällt es sehr viel leichter, zu lernen und gute Leistungen zu erbringen. Also keine Panik, fast alles ist erlernbar, auch wie man ein guter Klassenlehrer wird. Dieses Buch will Ihnen dabei helfen.

Die Gliederung in zehn Kapitel und 99 Tipps ermöglicht Ihnen einen schnellen Zugriff auf die Themen und Probleme, die Sie im Alltag gerade aktuell beschäftigen.

Wie Sie Ihre eigene Klasse als Klassenlehrer am besten und schnellsten kennenlernen, erfahren Sie gleich im ersten Kapitel. Einige dieser Tipps können Ihnen generell dabei helfen, neuen Klassen und Gruppen näherzukommen. Das größte Problem bei neuen Schülern ist wohl das Lernen der Namen. Auch hierzu finden Sie wertvolle Hinweise.

Eventuell ist die Klasse neu gebildet worden. Dann müssen nicht nur Sie Ihre Schüler kennenlernen, sondern diese sich auch untereinander. Wie Sie Ihre Schüler dabei unterstützen können, erfahren Sie im zweiten Kapitel „Die Klassengemeinschaft fördern".

Im Laufe der Zeit wird sich zwischen Ihnen und Ihrer Klasse ein besonderes Verhältnis mit Höhen und Tiefen entwickeln. Tipps dazu, wie Sie die Gruppendynamik zu Ihren Gunsten nutzen können, finden Sie in Kapitel drei.

An Kapitel vier, „Für Disziplin sorgen", kommen weder Junglehrer noch gestandene, erfahrene alte Hasen vorbei. So gut eine Klassengemeinschaft auch funktioniert und so harmonisch das Verhältnis zum Klassenlehrer auch ist, es wird doch immer wieder zu Situationen kommen, in denen man als Lehrer konsequent durchgreifen und seinen Standpunkt klarmachen muss.

Die Tipps in Kapitel fünf, „Mit den Eltern kooperieren", und Kapitel sechs, „Elternversammlungen durchführen", widmen sich einer für Lehrer ganz besonderen Spezies: den Eltern. Die Tipps geben Anregungen, wie Sie das Potenzial, das in Eltern steckt, richtig nutzen und gut mit ihnen klarkommen.

Schule ist nicht nur Unterricht im Schulgebäude. Lernerfahrungen machen Ihre Schüler auch auf Ausflügen, bei Festen und während Klassenfahrten. Trotzdem bergen Unternehmungen immer auch Gefahren. Wie Sie sowohl diesen als auch den Chancen, die in solchen Vorhaben stecken, begegnen können, erfahren Sie in den Tipps der Kapitel sieben und acht zu denThemen „Feste und Ausflüge organisieren" sowie „Auf Klassenfahrt gehen".

Tipps dazu, wie Sie gut und erfolgreich mit Ihren Kollegen zusammenarbeiten, können Sie im vorletzten, neunten Kapitel nachlesen. Auch wenn Sie lieber Einzelkämpfer sind, sollten Sie das Potenzial, das in den Kollegen steckt, nicht ungenutzt lassen.

„Es muss das Herz bei jedem Lebensrufe / Bereit zum Abschied sein und Neubeginne", heißt es in Hermann Hesses Gedicht „Stufen". So ist es auch nach einigen Jahren mit der eigenen Klasse. Man ist sich nähergekommen und hat viel übereinander erfahren, vieles miteinander durchlebt. Ein Abschied kann schmerzhaft sein, aber auch eine Erlösung bedeuten, je nachdem, wie es vorher gelaufen ist. Wie Sie einen Abschied von der Klasse erfolgreich meistern, dazu finden Sie abschließend Tipps im Kapitel „Den Abschied von der Klasse gestalten".

Eine Klasse zu leiten bedeutet viel Freude, aber auch viel Arbeit. Wir hoffen, dass wir Ihnen mit den Tipps dieses Buches die schwierigen und umfangreichen Aufgaben des Klassenlehrers ein wenig erleichtern können.

Holger Mittelstädt
Rainer Mittelstädt
Ferdinand Tewes

PS: Aus Gründen der besseren Lesbarkeit wird in diesem Buch durchgehend die männliche grammatische Form verwendet. Natürlich sind damit auch immer Frauen und Mädchen gemeint, also Lehrerinnen, Schülerinnen usw.

10 Top-Tipps ... Die Lieblingstipps der Autoren!

1

Bevor Sie das erste Mal vor Ihre Klasse treten, sollten Sie sich fragen, was für eine Art von Klassenlehrer Sie eigentlich sein wollen. Denn nur wenn Sie sich in diesem Punkt sicher sind, können Sie bestimmte Standards, z. B. im Umgang miteinander (Tipp 11, 12) und in Bezug auf das Lernverhalten, vor der Klasse überzeugend vertreten und einfordern. Dazu ist es notwendig, dass Sie Ihre Rolle als Klassenlehrer und Ihre mit dieser Position verbundenen Zielsetzungen präzise definieren (Tipp 7).

❯ Tipp 11, 12

❯ Tipp 7

Gleich mal ausprobieren

Legen Sie eine kurze Tabelle an. In der linken Spalte notieren Sie die Dinge, die Ihnen als Klassenlehrer besonders wichtig sind (respektvoller Umgang miteinander, ruhige Lernatmosphäre, Wahrhaftigkeit usw.), und in der rechten Spalte die Dinge, die Sie auf jeden Fall verhindern wollen (Ausgrenzung Einzelner (Tipp 78), Cliquenbildung, Verlust der Neugierde o. Ä.).

❯ Tipp 78

Wenn Sie diesen Klärungsprozess abgeschlossen haben, sollten Sie den Schülern gleich in Ihrer ersten Stunde als Klassenlehrer mitteilen, wie Sie sich die zukünftige Zusammenarbeit vorstellen. Das gelingt am besten mithilfe einer kleinen „frontalen Predigt".

Kurze
Grundsatzrede

Erwarten Sie dabei nicht allzu viel Feedback von den Schülern, die sind noch viel zu aufgeregt, um mit Ihnen zu diskutieren. Aber darum geht es auch nicht. Vielmehr kommt es darauf an, eindeutig Flagge zu zeigen und die Richtung festzulegen, damit die Schüler wissen, mit wem sie es künftig zu tun haben. So vermitteln Sie Ihnen auch eine gewisse Sicherheit, denn die Schüler sind mindestens so gespannt wie Sie, wer bzw. was in nächster Zeit auf sie zukommt.

Achten Sie bei Ihrer kleinen „Predigt" darauf, dass Sie auch durch die äußeren Umstände deutlich machen, dass jetzt etwas Besonderes kommt, das Ihnen extrem wichtig ist. Legen Sie nach Klärung aller organisatorischen Fragen am

Respekt und
Vertrauen

besten eine kurze Pause ein und sprechen Sie erst, wenn wirklich absolute Stille herrscht. Bringen Sie Ihre Vorstellungen anschließend ruhig mit etwas Emphase zum Ausdruck.

Achtung!

Die drei zentralen Begriffe, die den Umgang der Schüler miteinander und die Zusammenarbeit zwischen Ihnen und den Schülern bestimmen und die daher nach unserer Ansicht auf keinen Fall in Ihrer kleinen „Predigt" fehlen dürfen, sind: Respekt, Wahrhaftigkeit und Vertrauen.

2 NAMEN LERNEN I: SO FUNKTIONIERT'S!

„Ich vergesse nie ein Gesicht. Aber in deinem Fall will ich eine Ausnahme machen."
Groucho Marx (Marx Brothers)

Klar, die Namen der Schüler müssen Sie schnell lernen und dann perfekt beherrschen. Das ist für den Lehrerberuf selbstverständlich. Manch einer kann sich Namen schon nach dem ersten Hören merken, ein anderer nur mit Mühe nach mehreren Jahren.

Für die Schüler ist es wichtig, dass Sie sie mit dem (richtigen) Namen ansprechen. Sonst heißt es ganz schnell: „Der kann sich ja nicht mal meinen Namen merken." Oder: „Wir sind dem völlig egal."

Bewusst üben Wem das Merken von Namen schwerfällt, der muss es gerade in den ersten Wochen des Unterrichts in einer neuen Klasse immer wieder ganz bewusst üben: Wenn die Schüler sich Ihnen das erste Mal vorstellen, hören Sie sehr gut zu, dann begrüßen Sie jeden Schüler einzeln und wiederholen den Namen, um ihn sich besser einzuprägen. Versuchen Sie bereits in der ersten Stunde, sich zumindest die Namen einiger Schüler zu merken.

Gleich mal ausprobieren

Natürlich gibt es unterschiedliche Möglichkeiten, sich die Namen der Schüler einzuprägen (Tipp 3, 4). Hier sind einige Vorschläge:

❯ Tipp 3, 4

- Kennen sich die Schüler untereinander auch noch nicht, dann spielen Sie mit ihnen im Sitzkreis das Spiel „Ich packe meinen Koffer ..." – allerdings in abgewandelter Form: „Ich gehe auf Klassenfahrt und nehme ... mit." Nun müssen die Namen aller Schüler aufgezählt werden, vom ersten Schüler nur Ihr Name, vom zweiten Schüler Ihr Name und der des ersten Schülers usw.
- Legen Sie sich einen Sitzplan der Klasse an und bitten Sie die Schüler, sich in den ersten Wochen nicht umzusetzen.
- Alle Schüler haben Namensschilder auf den Tischen stehen, die so gestaltet sind, dass man sie auch von vorn aus der Entfernung lesen kann.
- Teilen Sie den Schülern, wenn sie sich Ihnen vorstellen, kleine Karteikarten aus. Jeder Schüler soll darauf seine eigene Visitenkarte erstellen – mit dem Namen und einem Bild, welches eine persönliche Bedeutung hat (z. B. Hobby, Sportart, Haustier). Sammeln Sie alle Karten nacheinander ein, während die Schüler Ihnen berichten, was sie dargestellt haben. Schauen Sie den Schülern dabei ins Gesicht und hören Sie sehr gut und konzentriert zu. Fordern Sie die Schüler nach der Vorstellungsrunde auf, sich umsetzen und versuchen Sie, so viele Visitenkarten wie möglich richtig zuzuordnen. Sicherlich gibt es einige Lacher, wenn Sie Karten falsch zuordnen – aber das ist in der ersten Stunde in Ordnung. Wiederholen Sie diese Übung mit den Karten in den ersten Schulwochen mehrfach.
- Gehen Sie regelmäßig am Beginn des Unterrichts die Namensliste durch.
- Bitten Sie die Schüler in einer Gesprächsrunde, sich gegenseitig aufzurufen – immer abwechselnd Junge, Mädchen. So hören Sie die Namen der Schüler und lernen mit.
- Lassen Sie durchgesehene Arbeitsblätter und Tests in den ersten Schulwochen nicht durch Schüler austeilen, sondern rufen Sie die Schüler einzeln nach vorn.

3

Man kann als Klassenlehrer gleich zu Beginn einen klaren Akzent setzen, indem man in der ersten „richtigen" Stunde, die auf die Abhandlung der notwendigen Formalitäten folgt, die Namen aller Schüler lernt.

Das Einprägen aller Schülernamen und natürlich der dazugehörigen Gesichter ist keineswegs so unmöglich, wie vielleicht manche Kollegen meinen, und es lohnt sich in jeder Hinsicht:

Interesse zeigen

- Sie können sofort jeden Ihrer Schüler direkt ansprechen und sind nicht auf Namensschildchen angewiesen, die die Schüler für ihre anderen neuen Lehrer mit Sicherheit anfertigen müssen.
- Sie zeigen der Klasse gleich zu Beginn, dass auch Lehrer ihre „Hausaufgaben" machen.
- Sie setzen ein Zeichen, dass Lernen sich durchaus als nützlich erweisen kann.
- Sie machen deutlich, dass Sie an Ihrer neuen Gruppe interessiert sind und den Einzelnen auch als Individuum wahrnehmen wollen.

Wenn Sie sich jetzt entsetzt fragen, wie Sie das schaffen sollen – 30 Namen in 45 Minuten –, dann ist die Antwort ganz einfach: mit etwas Vorbereitung und einer klaren Strategie (Tipp 2, 4).

❯ Tipp 2, 4

Gleich mal ausprobieren

Zur Vorbereitung nehmen Sie sich zu Hause die Schülerliste vor und prägen sich die Vornamen ein. Dabei können Sie sich gleich über die richtige Aussprache Gedanken machen (für viele Schüler mit Migrationshintergrund sehr wichtig) und Probleme, wie zwei oder mehrere Schüler mit gleichem Vornamen, im Voraus erkennen.

Lernen Sie die Namen ganz einfach wie früher Englischvokabeln – hier müssen Sie sich erst einmal nur die Vokabeln (Namen) einprägen und noch nicht die Übersetzungen (Gesichter).

In Kenntnis der vorhandenen Vornamen gehen Sie in die Klasse und bitten die Schüler, sich ca. zwei Minuten lang kurz gegenseitig zu interviewen. Auf diese Weise lernen die Schüler ihren in der Regel neuen Sitznachbarn selbst besser kennen. Dabei geht es z. B. um Dinge wie: Name, Alter, Hobbys oder Familiensituation.

Sich besser kennenlernen

Anschließend stellt jeder Schüler seinen Sitznachbarn anhand der angefertigten Kurznotizen vor. So macht sich jeder mit jedem bekannt und Sie erfahren gleichzeitig ein bisschen mehr darüber, aus welchen Verhältnissen Ihre Schüler stammen, auch wenn Sie sich nicht gleich alles merken können.

Jedes Mal, wenn ein Tisch mit der Vorstellung fertig ist, wiederholen Sie die Namen der genannten Schüler. Dadurch wird es Ihnen gelingen, sich tatsächlich alle Namen einzuprägen.

Namen einprägen

Zum krönenden Abschluss lassen Sie alle Schüler aufstehen und nennen ihre Namen. Die richtig Benannten nehmen wieder Platz. Wenn dann tatsächlich alle sitzen, können Sie stolz auf sich sein und im Allgemeinen mit einem Applaus der Klasse rechnen.

SOS-Tipp

Es erleichtert Ihre Aufgabe sehr, wenn Sie Ihrer Klasse zu Beginn mitteilen, was Sie vorhaben: dass heute ausnahmsweise in erster Linie der Lehrer etwas lernen wird und dass es dazu unbedingt notwendig ist, dass absolute Ruhe herrscht, damit Sie sich auf Ihre Aufgabe konzentrieren können.

Auch wenn es Ihnen am Stundenende nicht auf Anhieb gelingen sollte, alle Namen richtig zuzuordnen, werden die Schüler Ihr Bemühen würdigen. Falls einige dies nicht tun, empfiehlt sich ein „Perspektivwechsel". Bitten Sie einfach den Schüler, der mit Ihrer Leistung am wenigsten zufrieden ist, selbst die Namen aller Schüler zu nennen. Schnell wird er merken: Das ist gar nicht so einfach!

4 Namen lernen III: Klassenfotos

Das Gesicht zum Namen

Anfangs ist es manchmal die schwierigste Aufgabe in einer neuen Klasse: sich alle Namen zu merken.

Hier können Bilder bzw. Fotos von jedem einzelnen Schüler helfen, denn Bilder werden oft viel schneller aufgenommen als Worte. Ein Bild von einem Schüler mit dem jeweiligen Namen darunter vereinfacht sicher das Lernen.

Aber warum nicht gleich eine Aktion daraus machen? Kommt die Klasse neu zusammen, dann haben die Schüler doch das gleiche Problem – sie kennen sich noch nicht oder nur zum Teil und müssen viele Namen selbst erst neu lernen

➤ Tipp 2, 3 (Tipp 2, 3).

Achtung!

Vorher das Einverständnis für die Nutzung der Bilder bei jedem einholen!.

Gleich mal ausprobieren

Eine Fotowand erstellen

Jeder Schüler soll auf der Wand mit einem eigenen Foto vertreten sein. Aber es sollen nicht einfach nur die Köpfe fotografiert werden. Die Bilder sollen noch etwas mehr über den jeweiligen Schüler verraten: z.B. sein Hobby, seinen Charakter, seine Vorlieben.

Vereinbaren Sie einen Fototag, an dem jeder Schüler seine Lieblingsklamotten tragen soll. Außerdem soll jeder einen Gegenstand mitbringen, der gut zu ihm passt oder etwas über ihn erzählt.

Nun fotografieren sich die Schüler gegenseitig – setzen sich sozusagen gegenseitig in Szene. Dabei kommt es auch auf den Gesichtsausdruck an: Ist der Schüler eher lustig und witzig, dann sollte er ein Lachen zeigen. Ist er eher ruhig und in sich gekehrt, wird sein Bild wohl eher nachdenklich wirken. Wiederholen Sie die Aktion am Ende des Schuljahres. So können Sie sehr schön sehen, ob und was sich im Lauf des Jahres verändert hat.

SCHÜLERBÖGEN ANFANGS AUSBLENDEN

5

Immer, wenn man eine neue Klasse übernimmt, ist die Versuchung groß, sich vorab schon einmal einen Eindruck zu verschaffen und herauszufinden, mit wem man es in Zukunft zu tun haben wird. Widerstehen Sie dieser Versuchung! Jeder sollte die Chance auf einen Neuanfang erhalten, auch Ihre Schüler. Sie selbst sollten sich die Möglichkeit lassen, sich unvoreingenommen ein Bild von jedem Einzelnen zu machen. Gerade bei problematischen Jugendlichen besteht sonst die Gefahr, dass man ihr Verhalten nur vor dem Hintergrund ihrer Akteneinträge betrachtet (Tipp 34, 78). Oft ist es aber so, dass gerade die „schwierigen Fälle" sich in der neuen Umgebung und in der neuen Gruppe völlig anders verhalten als zuvor.

Unvoreingenommen urteilen

❱ Tipp 34, 78

Achtung!

Spätestens am Ende der zweiten Schulwoche sollte man einen Blick in die Schülerbögen werfen. Unter Umständen enthalten diese Informationen, die Sie zwingend zur Kenntnis nehmen und auch aus rechtlichen Gründen unbedingt beachten müssen, wie z.B. Lese-Rechtschreibschwächen oder andere Lernbehinderungen.

DIE KLEINEN PAUSEN NUTZEN

6

Für den Fall, dass Sie in der kleinen Pause nicht in einen anderen Raum oder ins Lehrerzimmer hetzen müssen, sondern im Klassenraum bleiben können, sollten Sie – sofern Sie wider Erwarten nichts zu organisieren haben – sich einmal „entspannt" zurücklehnen und dem Treiben Ihrer Schüler zusehen. Befreit von den Zwängen des Unterrichts, agieren die meisten Schüler sehr schnell so, als wären Sie gar nicht mehr vorhanden (Tipp 8). Vorausgesetzt, Sie halten sich wirklich für kurze Zeit völlig zurück.

Sich bewusst zurückhalten

❱ Tipp 8

Achtung!

Falls Sie bemerken, dass die Schüler Ihr Vorgehen als bewusste Beobachtung oder gar als Ausspionieren werten, sollten Sie das kleine Experiment sofort beenden.

Gruppendynamik
❯ Tipp 12

Sie werden in diesen kurzen Pausen sicherlich kein Soziogramm der Gruppe erstellen können (Tipp 12), aber Sie erhalten eine Vielzahl von kleinen Hinweisen darauf, wie sie intern funktioniert. Beispielsweise wer sich mit wem unterhält, wer komplett allein bleibt (Tipp 78), wie die Schüler allgemein miteinander umgehen, wer das Alpha-Weibchen oder -Männchen ist und vieles mehr.

❯ Tipp 78

Um die Ecke gedacht

Häufig kommt es in so einer Situation irgendwann dazu, dass einzelne Schüler Ihre demonstrative Passivität dazu nutzen, Sie in ein persönliches Gespräch zu verwickeln, Ihnen Fragen zu stellen oder von sich zu erzählen. Dies läuft zwar der eigentlichen Intention dieses Tipps zuwider, nämlich mehr über die Gruppe in Erfahrung zu bringen, ist aber Zeichen einer offensichtlich funktionierenden Lehrer-Schüler-Beziehung und – sofern es nicht überhandnimmt – natürlich auch nützlich (Tipp 11, 24).

❯ Tipp 11, 24

7 ZIELE FESTLEGEN

Wenn Sie eine neue Klasse als Klassenlehrer übernehmen, ist noch völlig unklar, wohin Sie Ihr gemeinsamer Weg im Jahresverlauf oder sogar in den nächsten Jahren führen wird. Sie können einfach alles auf sich zukommen lassen – oder Sie planen diesen Weg aktiv: Sie legen bereits am Anfang fest, welche Ziele Sie erreichen wollen. Das klingt vielleicht bindend und einengend, ist es aber in Wirklichkeit gar nicht. Ihre Lernziele sind ja bereits durch die Lehrpläne festgelegt, es geht also eher um Fragen wie:

Ziele jenseits von Lehrplänen

- Bis wann möchte ich die Namen meiner Schüler kennen (Tipp 2–4)?

❯ Tipp 2–4

- Wann soll die erste Elternversammlung stattfinden (Tipp 52, 53)?

❯ Tipp 52, 53

- Welche Aktionen möchte ich mit der Klasse durchführen – auch jenseits des Lehrplans (Tipp 8, 63, 64)?

❯ Tipp 8, 63, 64

- Wie soll das Klassenzimmer nach sechs Monaten ausse-hen (Tipp 18)?

❯ Tipp 18

Diese Liste ließe sich ewig fortführen – aber überfordern Sie sich nicht: Es geht darum, überhaupt Ziele zu haben, auf die man hinarbeiten kann.

Gleich mal ausprobieren

Legen Sie Ziele fest für:
- die ersten vier Wochen,
- die ersten drei Monate,
- das erste halbe Jahr,
- das gesamte Schuljahr.

Achten Sie von vornherein darauf, sich realistische Ziele zu setzen. Gehen Sie behutsam mit sich und Ihren Zielen um, halten Sie sich nicht sklavisch daran: Zu hoch gesteckte Ziele kann man jederzeit revidieren, nicht erreichbare Ziele muss man auch mal streichen. Natürlich können sich zwischen-durch auch neue Ziele ergeben, die sich in den Plan einarbei-ten lassen.

SICH OHNE SCHULSTRESS KENNENLERNEN

Die Schüler der eigenen Klasse lernt man erfahrungsge-mäß am besten kennen, wenn man sie auch außerhalb der Schule, außerhalb des Unterrichts ohne schulischen Druck erlebt (Tipp 6). Deshalb ist es am Anfang eines neuen Schul-jahres mit einer neuen Klasse besonders wichtig, bewusst solche Gelegenheiten zum gegenseitigen Kennenlernen zu schaffen.

❯ Tipp 6

Achtung!

❯ Tipp 11

Die Balance zwischen Nähe und Distanz zu halten, ist bei Aktionen außerhalb des Unterrichts besonders wichtig. Es muss ganz klar sein, wer Lehrkraft und wer Schüler ist. Sie sind nicht der Kumpel, Sie sind die aufsichtführende, verantwortliche Lehrkraft (Tipp 11).

In vielen Schulen gehört es inzwischen wie selbstverständlich dazu, zum Beginn des Schuljahres mit der neuen Klasse eine „Kennenlernfahrt" durchzuführen. Diese muss allerdings schon vor Beginn des Schuljahres organisiert und gebucht werden, um sicherzugehen, dass die gewünschte Unterkunft auch verfügbar ist.

Gleich mal ausprobieren

❯ Tipp 52, 53

❯ Tipp 74

Führen Sie bereits vor den Sommerferien eine sogenannte nullte Elternversammlung durch, um dort die Einzelheiten der Kennenlernfahrt zu planen und Fragen zu klären (Tipp 52, 53). Schließlich müssen alle Eltern ihr Einverständnis geben (Tipp 74). Gleichzeitig kann auf dieser Elternversammlung schon ein Elternteil gewählt werden, das die Klassenkasse führt und für das Einsammeln des Geldes der Kennenlernfahrt zuständig ist.

Diese gemeinsamen Aktionen können ebenfalls helfen, die Schüler besser kennenzulernen:

- gemeinsamer Besuch des örtlichen Jugendclubs,
- Ausflug in einen Kletterwald,
- Vorbereitung eines kleinen kulturellen Programms und Aufführung in einem Altenheim, Seniorenclub oder Kindergarten (Tipp 17, 66),

❯ Tipp 17, 66

- gemeinsames Grillfest, zu dem jeder etwas mitbringt,
- Aktion: Wir säubern den Stadtwald (mit anschließendem Bericht in der lokalen Zeitung),
- Verschönerung des Schulgebäudes: Gestaltung eines gemeinsamen Bildes, das an einem schönen Ort im Schulgebäude aufgehängt wird – hieraus könnte sich eventuell sogar eine Schul-Tradition entwickeln (Tipp 93, 94).

❯ Tipp 93, 94

Ja, Datenschutz und Vorratsdatenspeicherung sind ein großes Problem. Schon immer haben sich Lehrer Notizen gemacht und damit „Daten" über ihre Schüler gesammelt. Entscheidend ist der verantwortungsbewusste und sorgsame Umgang damit. Im Gegensatz zu früher ist es heute sehr viel einfacher, Informationen zu sammeln. Sie haben einen PC, ein Laptop oder ein Smartphone. Nutzen Sie es! Bereits mithilfe einfacher Freeware oder mit den gängigen Softwareprogrammen lassen sich heute sehr differenziert Daten verwalten.

Datenschutz beachten

Legen Sie sich eine eigene Klassendatenbank an. Sammeln Sie Daten und Informationen zu Ihren Schülern. Nicht für die Öffentlichkeit, nicht zum Weitergeben, sondern nur hinsichtlich Ihrer Aufgaben als Klassenlehrer. Unbedingt die DSGVO beachten und die Erlaubnis der Schüler einholen, wenn die Datenbank auf Ihrem Computer gespeichert ist.

Nur für den eigenen Gebrauch!

Gleich mal ausprobieren

Sammeln Sie in Ihrer Datenbank z. B. Informationen wie:
- Name, Adresse, Geburtsdatum
- Namen der Eltern, Berufe (Tipp 45)
- Hobbys, Aktivitäten, Besonderheiten
- Noten

❯ Tipp 45

Richten Sie diese Datenbank so ein, dass Sie sie auch auf Ihrem Laptop oder Smartphone abfragen können, dann stehen Ihnen diese Informationen immer zur Verfügung.

Achtung!

Eine Datenbank nützt Ihnen nur, wenn die Informationen aktuell sind. Pflegen Sie sie deshalb regelmäßig und gewöhnen Sie es sich an, Änderungen möglichst sofort zu vermerken. Und natürlich das Sichern und die Back-ups nicht vergessen – sonst war die ganze Mühe umsonst. Wenn Sie die Datenbank auf mehreren Devices nutzen, denken Sie immer daran, die Versionen abzugleichen und zu synchronisieren!

10

Sich wohlfühlen

Die Schüler einer Klasse sehen sich, über mehrere Jahre hinweg, fünf Tage die Woche. In dieser Zeit wollen und sollen sich die Schüler wohlfühlen: um Lernerfolge zu erzielen, um soziale Kompetenz zu erwerben und um reif zu werden für das Leben in der Gesellschaft.

Dieses Gemeinschaftsgefühl entsteht da, wo Schüler etwas gemeinsam erleben, wo positive und negative Erfahrungen gemeinsam gemacht werden, wo Erfolge und Niederlagen gemeinsam durchgestanden werden und wo man sich gegenseitig unterstützt.

Es entsteht nicht von allein und ist in einer Klasse nicht vom ersten Tag an vorhanden. Durch gemeinschaftsfördernde Elemente im Unterricht, wie Gruppenarbeiten, gemeinsame Aufgaben oder Spiele, aber auch durch Ausflüge, Klassenfahrten, Feste und Feiern außerhalb des Unterrichts kann das Entstehen eines Gemeinschaftsgefühls beschleunigt

❯ Tipp 13, 17, 66

werden (Tipp 13, 17, 66).

Achtung!

> Gemeinschaftsgefühl entsteht nicht automatisch dadurch, dass möglichst viele gemeinschaftsstiftende Aktionen mit der Klasse durchgeführt werden. Das Gegenteil kann sogar der Fall sein, wenn man die Klasse „einfach nur so laufen lässt" und bei diesen Aktionen nicht unterstützt. Ganz schnell können sich gerade außerhalb des regulären Unterrichts bestimmte Rollen (Außenseiter, Klassenclown
>
> ❯ Tipp 78
>
> usw.) manifestieren (Tipp 78).
> Deswegen sollte der Entwicklung einer echten Klassengemeinschaft gerade am Anfang verstärkte Aufmerksam-
>
> ❯ Tipp 12
>
> keit geschenkt werden (Tipp 12).

Nehmen Sie sich die Zeit, gelegentlich nicht nur den Unterricht, sondern auch die Pausen miteinander zu verbringen, lassen Sie Ihren Schülern aber auch unbedingt die nötigen Freiräume, sich allein ohne Aufsicht näher kennenzulernen

❯ Tipp 6, 24

(Tipp 6, 24).

Um die Ecke gedacht

Für Schüler aus „problematischen" Elternhäusern sind die Schule und die Klassengemeinschaft der einzige Ort, wo gesellschaftlich benötigte soziale Kompetenz erworben werden kann.

SCHÜLER-LEHRER-VERHÄLTNIS KLÄREN

11

Vorbild sein

Das Verhältnis zwischen Ihnen und Ihren Schülern ist wichtig für die Klassengemeinschaft – und es ist eine Gratwanderung. Zum einen kann ein schlechtes Verhältnis zwischen Ihrer Klasse und Ihnen zu einem guten Zusammenhalt innerhalb der Klasse führen – das wird Ihnen nicht unbedingt gefallen, bedeutet es doch, dass sich die Klasse gegen Sie verbünden könnte und Sie dann kaum noch Einfluss auf das Sozialverhalten in Ihrer Klasse hätten. Zum anderen kann ein gutes Verhältnis zwischen Ihnen und Ihren Schülern das Verhältnis der Schüler untereinander fördern. Im Idealfall wird Ihr Verhältnis zu den Schülern zum Vorbild für den Umgang der Schüler miteinander.

Gleich mal ausprobieren

Thematisieren Sie im Klassengespräch Ihr Verhältnis zueinander (Tipp 1). Machen Sie in diesem Gespräch deutlich, dass Sie als Klassenlehrer das Sagen haben, quasi der Chef sind, aber dazu bereit sind, die Anliegen der Schüler zu hören und darauf einzugehen. Erklären Sie den Schülern auch, dass Ihr Verhalten unmittelbar damit zusammenhängt, wie sich die Schüler Ihnen gegenüber verhalten.

❯ Tipp 1

Achtung!

Werden Sie nicht zum Kumpel Ihrer Schüler. Dann haben Sie nicht mehr die Chance, im Notfall hart durchzugreifen und Schüler bei einem schweren Vergehen gemäß der Schulordnung zu sanktionieren (Tipp 36).

❯ Tipp 36

**Vertrauensver-
hältnis aufbauen**

›Tipp 32

Es ist wichtig, dass die Schüler merken, dass ihr Klassenlehrer an ihrem Wohlergehen interessiert ist. Sie müssen wissen, dass sie auch über persönliche Probleme mit ihm sprechen können. Damit eine Atmosphäre des Vertrauens und gegenseitigen Respekts entsteht, kann es hilfreich sein, hin und wieder ein paar persönliche Details von sich selbst preiszugeben (Tipp 32). So kann sich nach und nach neben dem schulischen Verhältnis auch ein gesundes persönliches Verhältnis entwickeln. Die Lehrkraft kann zum Vertrauten der Schüler werden.

Achtung!

Vermeiden Sie jeglichen körperlichen Kontakt zu Schülern. Schüler sitzen nicht auf dem Schoß des Lehrers, werden nicht über die Schulter gestreichelt oder in anderer Form berührt. Es kann sehr schnell passieren, auch wenn Sie sich nichts dabei denken, dass Gerüchte aufkommen, und dann ist man schneller vom Dienst suspendiert, als einem recht ist. Die körperliche Berührung zwischen Schülern und Lehrer hat in der Schule nichts zu suchen!

KLASSENGEMEINSCHAFT ANALYSIEREN

12

›Tipp 10

Für einen guten Lernerfolg ist das Verhältnis der Schüler untereinander von großer Bedeutung (Tipp 10). Es kann z. B. vorkommen, dass besonders erfolgreiche Schüler gemobbt werden und nur deshalb – mit voller Absicht – in ihren Leistungen nachlassen, um in der Klassengemeinschaft einen besseren Stand zu haben.

**Soziale Beziehungen
darstellen**

Um herauszufinden, wie das Verhältnis der Schüler untereinander wirklich ist, kann ein Soziogramm der Klasse hilfreich sein, das die sozialen Beziehungen innerhalb der Klasse abbildet und leicht zu erstellen ist. Kostenlose PC-Programme zum Erstellen von Soziogrammen finden sich auch im Internet.

Gleich mal ausprobieren

Sitzordnung entwickeln

Lassen Sie die Schüler jeweils drei Namen von Schülern aufschreiben, neben denen sie gerne sitzen möchten (ggf. auch
die von Schülern, neben denen sie nicht sitzen möchten).
Werten Sie die Nennungen aus, indem Sie alle Namen in einen Kreis schreiben und mit Pfeilen markieren, wer wen auf-
geschrieben hat (zwei verschiedene Farben verwenden!).
Haben sich zwei Schüler gegenseitig gewählt, zeichnen Sie
einen Pfeil mit zwei Spitzen (Tipp 23, 35).

❯ Tipp 23, 35

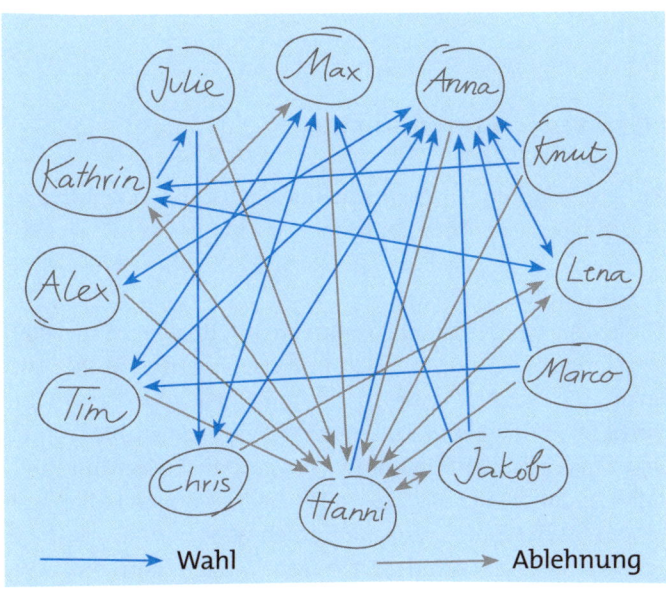

→ Wahl   → Ablehnung

Mithilfe eines Soziogramms lässt sich herausfinden, wer z. B.
neben dem Klassenlehrer als formellem Leiter ein informel-
ler Leiter der Klasse sein könnte. Diese Information kann
nützlich sein, wenn Konflikte gelöst werden oder die Schüler von der nächsten Klassenfahrt oder dem nächsten Ausflug überzeugt werden müssen (Tipp 26, 27, 71): Wenn Sie
den Leitwolf der Klasse überzeugen können, ist das schon
die halbe Miete.

Leitwolf
identifizieren

❯ Tipp 26, 27, 71

Achtung!

❯ Tipp 28, 78

Werten Sie das Soziogramm nicht gemeinsam mit den Schülern aus, sondern zunächst allein. Gerade Schüler, die am Rand der Gruppe stehen, könnten durch eine öffentliche Auswertung und Besprechung in ihrer Außenseiterrolle bestätigt und gefestigt werden – und dass will ja wohl niemand (Tipp 28, 78).
Führen Sie die Befragung bzw. Auswertung ggf. getrennt nach Jungen und Mädchen durch. Oft kommt es vor, dass es unterschiedliche informelle Leiter gibt.

MIT SPIELEN DIE GEMEINSCHAFT FÖRDERN

13

Zu einer guten Klassengemeinschaft können zahlreiche Spiele beitragen. Hier sind drei Vorschläge:

Zusammenrücken!

1. Eisscholle
Die Stühle werden dicht zusammengestellt, alle Schüler stellen sich auf die Stühle. Nach und nach werden Stühle entfernt, die Schüler müssen zusammenrücken. Lassen Sie vorher von den Schülern schätzen: Wie viele Stühle werden wohl maximal benötigt, ohne dass ein Mitschüler hinunterfällt? In der zweiten Runde muss die Klasse es schaffen, mit einem Stuhl weniger auszukommen usw.
Lassen Sie auch Mädchen gegen Jungen antreten. Wer schafft es, auf weniger Stühlen zu stehen?

Jeder ist wichtig!

2. Kreissitz
Die Schüler stellen sich sehr sehr dicht in einem Kreis auf, jeweils mit Blick auf den Rücken des Vordermannes. Auf ein Signal hin setzen sich alle gleichzeitig auf den Schoß des Hintermannes. Stehen die Schüler nicht eng genug beieinander, kippen alle um. Funktioniert der Kreissitz, kann in einem zweiten Schritt versucht werden, gemeinsam in der Hocke im Kreis zu gehen. Auf Befehl werden abwechselnd

der rechte und der linke Fuß vorwärtsgesetzt. Das geht so lange gut, bis jemand aus dem Takt kommt und alle umkippen.

Um die Ecke gedacht

Dieses Spiel macht vor allem deutlich, dass es in der Gemeinschaft auf jeden Einzelnen ankommt und jeder für die Klassengemeinschaft wichtig ist. Thematisieren Sie das nach dem Spiel auf jeden Fall!

3. Bis 20 zählen

Aufeinander hören

Alle Schüler sitzen im Kreis und haben die Augen geschlossen. Nun muss – ohne Absprachen – bis 20 gezählt werden. Die Lehrkraft oder ein Schüler beginnt. Dabei gelten folgende Regeln:

- Jeder darf nur einmal eine Zahl sagen.
- Sagt jemand eine Zahl, darf weder der Nachbar zur Linken noch zur Rechten die nächste Zahl nennen.
- Nennen zwei Schüler gleichzeitig die nächste Zahl, muss von vorn begonnen werden.

Weitere abwechslungsreiche Spielideen liefern auch Hatto Christian (Christian, 2003) und Rosemarie Portmann (Portmann, 2008).

FACEBOOK & CO – CHANCEN NUTZEN

14

Communities, Social Media Marketing, Smartphones, Clouds, User, Like it-Buttons usw. – die Online-Generation schlägt zu.

Alles ignorieren? Nein, das soziale Netzwerk lässt sich nicht ignorieren. Deshalb sollte man es sich zunutze machen.

Ohne Frage gibt es einiges an Facebook und Co, das bedenklich erscheinen mag und bei Lehrern die Alarmglocken schrillen lässt, betrachtet man die Folgen (Tipp 28). Aber es

❯ Tipp 28

gibt auch viele Dinge, die gut funktionieren und die man gerade auch zur Förderung der Klassengemeinschaft gut einsetzen kann (Tipp 10, 13):

❯ Tipp 10, 13
Fördert die Kommunikation

- Man kann mit einer ganzen Gruppe – hier die Klasse – auf einmal kommunizieren.
- Wichtige, schöne und interessante Dinge können sofort und ohne Zeitverlust kommuniziert werden.
- Jeder kann sich an dieser Kommunikation beteiligen.
- Es können Untergruppen gebildet werden, die separat miteinander kommunizieren.
- Termine, Absprachen oder Verabredungen können jederzeit abgerufen und nachgesehen werden (Tipp 48).

❯ Tipp 48

Gleich mal ausprobieren

Lassen Sie ein virtuelles Klassenzimmer entstehen. Überlegen Sie zuerst gemeinsam mit den Schülern, welches soziale Netzwerk für Ihren Zweck das richtige ist:

- Facebook – ein internationales Netzwerk und momentan Marktführer, aber eher mit Sicherheitslücken.
- Google+ – ein neues Netzwerk des Internetsuchmaschinen-Giganten, das anders strukturiert ist.

Bitte unbedingt die DSGVO beachten und die notwendige Erlaubnis der Schüler einholen, wenn die personenbezogenen Daten auf der Website gespeichert sind.

Richten Sie eine entsprechende Klassenseite ein und überlegen Sie mit den Schülern, wie sie die Seite bedienen und pflegen wollen (Tipp 15).

❯ Tipp 15

Dieses virtuelle Klassenzimmer kann rund um die Uhr zum Austausch von Informationen betreten werden. Dabei können Sie die Schüler aktiv und kontrolliert in die Onlinewelten einführen und begleiten.

15

Vielleicht schon old fashioned, aber noch lange nicht ausgedient: die gute alte Homepage. Wenn es darum geht, was die Klasse dauerhaft und auch nach außen kommunizieren möchte, ist eine Homepage immer noch das geeignete Mittel. Die Art und die Auswahl der Informationen, die äußere Gestaltung – all das kann selbst bestimmt werden und die Klasse darin unterstützen, ein eigenes Profil zu entwickeln. Gerade für Eltern, die weniger mit Facebook und Co arbeiten (Tipp 14, 48), oder auch für die Verwandtschaft und Freunde ist eine Homepage nach wie vor eine beliebte Informationsquelle. Anders als bei Facebook steht hier die reine Weitergabe von Informationen an die Öffentlichkeit im Vordergrund, nicht die Kommunikation miteinander. Bitte unbedingt die DSGVO beachten und die notwendige Erlaubnis der Schüler einholen, wenn die personenbezogenen Daten auf der Website gespeichert sind.

Außendarstellung
❯ Tipp 14, 48

Gleich mal ausprobieren

Überlegen Sie zusammen mit Ihren Schülern:
- Für wen ist die Homepage gedacht? Wer ist Zielgruppe?
- Was wollen wir auf der Homepage zeigen?
- Wie aktuell muss eine Homepage sein? Wer kann sie regelmäßig pflegen?
- Macht es Sinn, einen Blog zu integrieren?
- Wie soll die Homepage aussehen?

Um die Ecke gedacht

Achten Sie darauf, dass die fertige Homepage ein Produkt Ihrer Klasse ist. Gerade wenn Sie die Gemeinschaft fördern wollen, macht es keinen Sinn, wenn diese Homepage Ihr persönliches Lieblingsprojekt wird, an dem Sie nächtelang arbeiten und von dem Ihre Schüler nur das Endergebnis kennen. Auch wenn Machart und Optik weniger professionell sind, ist es wichtiger, dass die Schüler die Seite selbst gestaltet und vielleicht sogar programmiert haben.

❭ Tipp 28

Sollten die Klickzahlen der Homepage am Ende auch nicht sehr hoch sein – ein solches Projekt fördert nicht nur die Gemeinschaft, sondern gibt Ihnen gleichzeitig die Möglichkeit, das Thema Internet, Kommunikation, Gefahren und Chancen der Onlinewelt am aktuellen Beispiel zu behandeln (Tipp 28).

AUCH OPTISCH DAZUGEHÖREN

16

Der Mensch ist ein Individuum – klar – und deshalb wird er auch immer wieder versuchen, sich von anderen zu unterscheiden – klar – und Uniformen sind blöd – auch klar, aber: Seine Zugehörigkeit zu einer Gemeinschaft zu zeigen, scheint ein großes Bedürfnis zu sein. Nicht umsonst gibt es im Umfeld von Musik und Sport zahlreiche Produkte, die es den Fans ermöglichen, ihre Vorlieben auch nach außen zu zeigen. Warum sollte das in einer Schulklasse anders sein?

Zeichen der Gemeinschaft

Wenn in Ihrer Klasse echte Gemeinschaft entsteht, könnte sich durchaus das Bedürfnis entwickeln, diese Gemeinschaft auch nach außen für andere sichtbar zu machen: auf Schulveranstaltungen, Fußballturnieren oder anderen Großveranstaltungen, an denen Sie und Ihre Klasse teilnehmen.

Gleich mal ausprobieren

Die Schüler entwerfen ein Klassen-T-Shirt nach ihren eigenen Vorstellungen. Im Rahmen der Vorbereitungen sind folgende Fragen zu beantworten:

- Welche Farbe würde am besten passen?
- Soll es ein Motiv auf dem T-Shirt geben?
- Soll ein Motto aufgedruckt werden? Welches?
- Zu welchen Anlässen soll das T-Shirt getragen werden?
- Wo kann man ein solches T-Shirt möglichst günstig herstellen lassen?

Im weiteren Verlauf gestaltet die Klasse das T-Shirt, kümmert sich um mögliche Hersteller, klärt, wie das Projekt technisch und finanziell umgesetzt werden kann (**Tipp 45, 46**).
Im Vordergrund sollte dabei immer der gemeinschaftsbildende Aspekt stehen. Eine einfache, kaufbare und schnelle Lösung ist nicht das Ziel!

❯ Tipp 45, 46

SICH SOZIAL ENGAGIEREN

17

Im Zeitalter von Internet und Online-Medien kann keiner mehr behaupten, er hätte nichts gewusst. Not und Elend, Hilfsbedürftigkeit und unterschiedliche soziale Schichten sind jedem bekannt. Und dennoch sinkt die Bereitschaft zu sozialem Engagement immer mehr.

Der eigene Spaß scheint immer mehr im Vordergrund zu stehen, der eigene Vorteil wird mehr und mehr zum Maßstab. Dabei erzeugt kaum etwas größere Zufriedenheit als das, was man hat, mit denen zu teilen, die weniger oder nichts haben. Das gilt auch für eine Gruppe. Es gibt kaum ein gemeinschaftsstärkenderes Moment als gemeinsam zu helfen.

Stärkt die Gemeinschaft

Gleich mal ausprobieren

Überlegen Sie mit den Schülern, was im Klassenverbund ausreichend vorhanden ist. Machen Sie eine Liste:
- Kraft
- Zeit
- Ausdauer
- Ideen
- ...

Welche Menschen könnten davon profitieren?
- alte Menschen
- kranke Menschen
- behinderte Menschen
- arme Menschen
- ...

Was kann man daraus machen?

Alten Menschen beim Einkaufen helfen.

Kranke Menschen besuchen.

Mit behinderten Menschen Freizeit verbringen.

Armen Menschen etwas abgeben (Kleider, Lebensmittel usw.)

...

Setzen Sie die Aktion, die allen am besten gefällt, um und denken Sie daran: Es geht nicht um die Größe der Aktion oder um deren Attraktivität. Es geht um den Klassenverband – und natürlich um die Menschen, denen man helfen möchte (Tipp 66).

❯ Tipp 66

KLASSENRAUM PFLEGEN UND GESTALTEN

18

Für ein gutes Gemeinschaftsgefühl und ein gutes Klassenklima kann auch ein eigener Klassenraum, mit dem sich die Schüler identifizieren, wichtig sein.

Gleich mal ausprobieren

Organisieren Sie mit der Klasse einen Projekttag, den Sie für die Gestaltung des Klassenraumes nutzen. Auch Eltern können mitmachen (Tipp 44, 47, 51)!

❯ Tipp 44, 47, 51

Oft fehlt den Schulträgern das Geld, um einen Klassenraum gründlich zu renovieren. Vielleicht gibt es in Ihrer Klasse einen Malermeister unter den Eltern, der günstig Farben besorgen kann und unter dessen Anleitung der Raum an einem Samstag gestrichen wird (Tipp 45). Oder man macht dem Schulträger das Angebot, den Klassenraum selbst zu streichen, wenn dieser die Kosten für Farben und Pinsel (in der Regel sind das nicht mehr als 50 bis 100 Euro) übernimmt – das lohnt sich auch für den Schulträger.

❯ Tipp 45

Praktisch und kreativ gestalten

Zu einer guten Klassenraumgestaltung gehören:

- eine einladende, freundliche Farbgebung der Wände,
- Pflanzen und andere Dekorationsartikel,

- praktikable Ordnungssysteme (Wände und Regale),
- ansprechend präsentierte Bilder und Plakate,
- eine optimale Sitzordnung (Tipp 23, 35).

❯ Tipp 23, 35

Achtung!

Die Meinungen über geeignete Poster und Plakate gehen oft weit auseinander. Vor dem Aufhängen der Bilder sollten klare Richtlinien für die Auswahl der Motive mit den Schülern festgelegt werden. Diese könnten z.B. lauten:
- Nur selbst gestaltete Bilder und Plakate werden aufgehängt.
- Es werden acht großformatige Bilderrahmen angeschafft, vier dürfen von den Jungen, vier von den Mädchen ausgestattet werden.
- Alle vier Wochen müssen die Motive ausgetauscht werden.

Für die Pflege des Klassenraumes sollte ein regelmäßig rotierender Dienst eingerichtet werden, der z.B. für die folgenden Aufgaben zuständig ist:

"Pflegedienst"

- Tafeldienst
- Aufräumdienst
- Pflanzendienst

In der Klasse kann dazu eine Namensliste aller Schüler aufgehängt werden, an der mit beschrifteten Wäscheklammern markiert wird, wer gerade welchen Dienst hat (wochen- oder monatsweise).

Um die Ecke gedacht

Eine Klasse, die sich – nach und nach – mit ihrem Klassenraum identifiziert und sich für ihn verantwortlich fühlt, geht auch pfleglich mit ihm um, denn sie weiß: Wir müssen in diesem Klassenraum viel Zeit verbringen, uns hier wohlfühlen, müssen ihn „ertragen" und, wenn wir ihn verwüsten, auch selbst wieder in Schuss bringen.

19

Gemeinsam Verantwortung zu übernehmen heißt, ein Gemeinschaftsgefühl zu entwickeln. Da diese Verantwortung gut im Umgang mit Tieren und Pflanzen geübt werden kann, ist es sinnvoll, zu überlegen, ob die Klasse sich um eigene Tiere kümmern könnte (z. B. Geckos, Frösche oder Mäuse in einem Terrarium) oder einfacher: Verantwortung für Pflanzen außerhalb des Klassenraumes übernimmt.

Salat aus eigenem Anbau

Hat die Schule einen eigenen Schulgarten, in dem bisher nur Blumen, aber keine Nutzpflanzen wachsen, könnte die Schulklasse hier ein eigenes Beet mit Blattsalaten, Lauch, Tomaten und Kartoffeln anlegen. Zum Sommerfest wird dann ein ordentlicher Salat für alle zubereitet.

Beet-Patenschaft

Gibt es keinen eigenen Schulgarten, könnte die Klasse Verantwortung bzw. eine Patenschaft für ein Blumenbeet auf dem Schulhof übernehmen, und es wäre zu hoffen, dass andere Klassen dem nacheifern.

Gleich mal ausprobieren

Patenschaft für ein öffentliches Beet übernehmen

Fragen Sie mit Ihrer Klasse bei der Stadtverwaltung nach, ob Sie die Pflege eines öffentlichen Blumenbeetes z. B. in einem Park oder auf einem Platz übernehmen könnten. Auf diese Weise wird das Engagement der Schüler auch nach außen hin bekannt und von der Öffentlichkeit wahrgenommen – die Verantwortung der Schüler steigt und der Stellenwert der Aufgabe ebenso. Das Bauamt oder Grünflächenamt stellt bestimmt gerne Pflanzen und Geräte sowie einen Fachmann zur Verfügung, um dieses Projekt zu unterstützen (Tipp 45).

> Tipp 45

Um das Gemeinschaftsgefühl der Klasse zu stärken, kann sie Verantwortung für andere, meist jüngere Schüler bzw. ganze Klassen in der Schule übernehmen.

So eine Patenschaft könnte folgende Elemente beinhalten:

Verantwortung übernehmen

- gemeinsame Führungen (in Kleingruppen) durch das Schulhaus zum Kennenlernen des Gebäudes,
- Vorbereitung und Durchführung einer Kennenlern-Ralley durch das Schulgebäude,
- gemeinsamer erster Wandertag, Ausflug (Tipp 62–64), ❯ Tipp 62–64
- Treffen auf dem Schulhof während der Pausen,
- Ansprechpartner bei Problemen mit anderen Schülern und Lehrern (Tipp 91), ❯ Tipp 91
- Organisation eines kostenlosen Nachhilfe- oder Hausaufgabendienstes,
- Hilfe bei der Wahl der richtigen Kurse und Angebote,
- Vorstellung von Arbeitsgemeinschaften.

Gleich mal ausprobieren

Übernimmt Ihre Klasse Verantwortung für eine andere Klasse, dann sollte das auch sichtbar gemacht werden. In Ihrer Klasse und der Patenklasse sollte jeweils ein großes Foto der anderen Gruppe mit einer großen Überschrift hängen: Unsere Partner.

Darüber hinaus kann jedem Schüler der eigenen Klasse ein fester Schüler der anderen Klasse als Pate und Partner zugeordnet werden. So fühlt sich jeder Einzelne konkret für jemanden verantwortlich.

Aber nicht nur außerhalb des Unterrichts können Patenschaften bestehen. Auch gemeinsame Unterrichtsprojekte zwischen jüngeren und älteren Schülern sind möglich, z. B.:

Gemeinsame Unterrichtsprojekte

- Kunst- oder Musikprojekt (gemeinsamer Liederabend),
- Deutschprojekt („Wir schreiben gemeinsam eine Geschichte" – eine Klasse beginnt, die andere setzt die Geschichte fort),
- ältere Schüler lesen jüngeren etwas vor (Lesestunde).

21

Beim Chinesischen Morgengruß handelt es sich um eine Übung, die sich am „Taoistischen Modell" (Feuer, Wasser, Erde, Luft, das Lebendige) orientiert. Er ist eine Erfrischungsübung, die die Schüler entspannt, zur Ruhe kommen und neue Kraft schöpfen lässt, und kann sowohl am Anfang des Unterrichts als auch zwischendurch, z. B. vor oder nach Klassenarbeiten, mit den Schülern durchgeführt werden. Haben Sie den Morgengruß einige Male vorgeführt, werden die Schüler ihn mühelos mitsprechen und mitmachen können.

Erfrischend und konzentrationsfördernd

Achtung!

Üben Sie diesen Morgengruß zunächst am besten allein zu Hause vor dem Spiegel ein – so lange, bis Sie ihn auswendig und mit dem nötigen Ernst beherrschen.

Nicht für alle ist diese Übung geeignet. Überlegen Sie gut, ob Ihre Schüler reif genug sind und den nötigen Ernst dafür aufbringen können (Tipp 22).

> Tipp 22

Gemeinsam sprechen	Bewegungen	
Die Sonne geht auf. Aaaah.	die Arme bewegen sich seitlich nach oben	
Ich öffne das Fenster.	pantomimisch ein Fenster öffnen	
Zwischen Himmel und Erde ...	Fingerspitzen berühren sich und bewegen sich von oben nach unten	
Ich.	die Hände liegen übereinander auf dem Bauch	

Ich schaue mich um.	seitliche Drehung des Oberkörpers mit den Armen nach links und rechts	
Feuer ...	Sprung mit nach oben gestreckten Armen	
... und Wasser!	Wellenbewegungen mit den Händen von der Mitte gleichzeitig nach links und rechts	
Ich nehme mir, was ich brauche. Es ist genügend für alle da.	mit den Armen eine zusammen-holende Bewegung	
Ich verreibe es.	die Hände reiben über den Bauch	
Und ein Rest für die Blumen.	streuende Bewegung mit den Fingern	
Der Lotus blüht auf.	Unterarme berühren sich vor dem Gesicht (Hände nach oben) und öffnen sich langsam von oben	
Ich umarme meinen Tiger.	Sprung nach vorn mit einer pantomi-mischen Umarmung und einem animalischen Brüllen	
Und begegne dem Berg.	entspannte Haltung einnehmen, Arme hängen seitlich, Knie leicht gebeugt, der Blick geht leicht nach oben	

22

Der Chinesische Morgengruß kann auch schulischen Gegebenheiten angepasst werden. Lassen Sie die Schüler selbst kreativ werden.

Konkret auf den Schulalltag bezogen, könnte er, ohne dass sich die Bewegungen ändern (Tipp 21), beispielsweise auch so lauten:

❯ Tipp 21

Gemeinsam sprechen	Bewegungen
Die Schule beginnt. Aaaah.	die Arme bewegen sich seitlich nach oben
Ich öffne das Schulbuch.	pantomimisch ein Buch öffnen
Das alles muss ich lesen.	Fingerspitzen berühren sich und bewegen sich von oben nach unten
Ich.	die Hände liegen übereinander auf dem Bauch
Ich schaue mich um.	seitliche Drehung des Oberkörpers mit den Armen nach links und rechts
„Klassenarbeit!"	Sprung mit nach oben gestreckten Armen
Nein, nur ein Test.	Wellenbewegungen mit den Händen von der Mitte gleichzeitig nach links und rechts
Ich nehme mir, was ich brauche ...	mit den Armen eine zusammenholende Bewegung
... und freue mich, denn ich habe geübt.	die Hände reiben über den Bauch
Ich helfe den anderen.	streuende Bewegung mit den Fingern

Dann wird mir langweilig.	Unterarme berühren sich vor dem Gesicht (Hände nach oben) und öffnen sich langsam von oben
Es klingelt zur Pause.	Sprung nach vorn mit einer pantomimischen Umarmung und einem animalischen Brüllen
Endlich kann ich mich erholen.	entspannte Haltung einnehmen, Arme hängen seitlich, Knie leicht gebeugt, der Blick geht leicht nach oben.

SITZORDNUNG PLANEN

23

Das Erstellen einer Sitzordnung ist im Prinzip wie Schach spielen, es geht darum, die Schüler so zu positionieren, dass sie ihre volle Wirkung entfalten können und optimal zusammenarbeiten. Welche äußere Form die Sitzordnung annimmt (frontal, U-förmig, Gruppentische), ist natürlich abhängig von Ihren Unterrichtszielen und den angestrebten Kompetenzen (Tipp 7). In jedem Fall führt eine neue Sitzordnung häufig zu Diskussionen unter den Schülern.

❯ Tipp 7

Deshalb lohnt es sich, sich sehr genau Gedanken darüber zu machen, welche Personenkonstellationen – und zwar nicht nur direkt nebeneinander, sondern auch bezüglich der Position im Raum zueinander – am günstigsten sind.

Bevor sie einen Sitzplan skizzieren, sollten Sie sich darüber klarwerden, was genau Sie mit der neuen Anordnung erreichen wollen:

▪ Eine bessere Arbeitsatmosphäre und mehr Konzentration? Dann müssen Sie „dicke Freunde" unter Umständen auseinandersetzen.

Ziel der Sitzordnung

▪ Mehr Unterstützung für leistungsschwächere Schüler? Setzen Sie immer einen stärkeren neben einen schwächeren Schüler.

▪ Störungen reduzieren? Trennen Sie Schüler, die sich erwiesenermaßen gegenseitig negativ verstärken (Tipp 35).

❯ Tipp 35

Gleich mal ausprobieren

Eine gute Möglichkeit, die von Schülern bei frontalen Sitzordnungen immer wieder beklagten Ungerechtigkeiten („Ich komme hier hinten viel weniger dran.") zu verhindern (Tipp 91), besteht darin, monatlich rotieren zu lassen. Das bedeutet, dass immer am Monatsanfang alle Schüler eine Reihe nach vorn rücken und die erste Reihe damit ganz nach hinten. Noch kürzere Rotationsintervalle sind kontraproduktiv, da sie zu viel Unruhe in die Gruppe tragen.

❯ Tipp 91

AUFSICHT ZUR KURZINTERVENTION NUTZEN

24

Versuchen Sie, so viele Hofaufsichten wie möglich zu bekommen. Am besten wäre es, wenn Sie ausschließlich auf dem Schulhof Aufsicht führten, denn anders als bei der Überwachung der leeren Flure innerhalb des Gebäudes, bieten sich auf dem Hof jede Menge Möglichkeiten für interessante Beobachtungen und direkte Einflussnahme. Speziell die Gruppenbildung innerhalb der Schülerschaft ist hier am besten zu beobachten (Tipp 6, 12, 77). Wer steht mit wem zusammen? Wer bleibt für sich? Bleiben die Schüler einer Klasse unter sich, oder gibt es intensive Kontakte zu anderen Klassen (Tipp 20, 78)? Stehen einzelne Schüler bei den „üblichen Verdächtigen" in der schwer einsehbaren Ecke des Hofes? Diese Informationen können für einen Klassenlehrer von Vorteil sein.

❯ Tipp 6, 12, 77

❯ Tipp 20, 78

Gruppenbildung
beobachten

Schüchterne Schüler, die sich in der Klasse, während der kleinen Pause nicht trauen, ihren Klassenlehrer direkt anzusprechen, nehmen häufig auf dem Schulhof Kontakt auf, weil sie sich dann unbeobachteter fühlen.

Interesse zeigen

Als Hofaufsicht kann und soll man aber nicht nur beobachten und für Gespräche zur Verfügung stehen, sondern selbst aktiv werden und einzelne Schüler direkt ansprechen (natürlich ohne dabei zu nerven). Für diese kurzen Gespräche über Dinge, die einen an dem Betreffenden in letzter

Zeit aufgefallen sind, wie z. B. Stimmungs- und Leistungs-schwankungen, seine individuelle Entwicklung oder Ver-haltensänderungen, ist normalerweise im 45-Minuten-Takt des Unterrichts keine Zeit. Erfahrungsgemäß honorieren Schüler das Interesse an ihrer Person, das durch diese kur-zen Gespräche deutlich wird (Tipp 34).

❯ Tipp 34

Achtung!

> Besonders wichtig sind Hofaufsichten an den Tagen, an de-nen Sie selbst in Ihrer Klasse keinen Unterricht haben. Denn falls genau an diesem Tag etwas Wichtiges passiert ist, können Ihre Schüler problemlos Kontakt zu Ihnen auf-nehmen. Teilen Sie Ihrer Klasse deshalb am besten mit, wann Sie auf dem Hof die Aufsicht führen.

GEMEINSAM LACHEN

25

Dieser Tipp hört sich wahrscheinlich erst einmal lächerlich an, ist er aber nicht. Das Sprichwort „Jeder Tag, an dem du nicht gelacht hast, ist ein verlorener Tag" gilt auch für den Schulalltag. Denn Humor ist ein Zeichen von Intelligenz und entwickelt sich bei Ihren Schülern sicher im Laufe der Zeit. Wenn man sich als Klassenlehrer von den Schülern bewerten lässt (Tipp 29), stellt man sehr schnell fest, dass ein extrem wichtiges Kriterium immer die Frage ist, ob der Lehrer Humor hat bzw. ob er Spaß versteht und in der Lage ist, den Unterricht durch Humor aufzulockern.

❯ Tipp 29

Ein guter Lehrer hat Humor

Aber Humor kann man nicht einfach lernen und gerade Leute, die krampfhaft versuchen, witzig zu sein, sind es oft am allerwenigsten. Was also tun? Bleiben Sie locker und versuchen Sie es mit Ironie, vorzugsweise mit Selbstironie. Letztere wird von Schülern ganz besonders geschätzt, denn Sie als Lehrer sind permanent gefährdet, sich selbst zu wich-tig zu nehmen, da Sie praktisch per definitionem vormittags immer recht haben.

Selbstironisch sein

Wenn Sie aber in der Lage sind, sich selbst nicht allzu ernst und gelegentlich auch auf die Schippe zu nehmen, dann dürfen Sie dies – in engen Grenzen natürlich – auch bei Ihren Schülern (Tipp 81). Achten Sie dabei darauf, dass Ihre Äußerungen immer reversibel sind, d. h., sie müssen so formuliert sein, dass die Schüler sie auch Ihnen an den Kopf werfen dürften. Mit der Zeit kann sich so eine gewisse humoristische Kultur im Klassenzimmer entwickeln.

› Tipp 81

SOS-Tipp

Wenn sich ein „problematisches Verhalten", ein Schüler ist z. B. viel zu still und meldet sich nie, verfestigt hat und Ihre ständigen Aufforderungen, sich doch auch mal zu melden, erfolglos geblieben sind, versuchen Sie es einfach mal mit Ironie: Ermahnen Sie den Betreffenden am Ende der Stunde, sich etwas zurückzunehmen, damit die anderen auch mal zu Wort kommen können.

26 Schülern Mitspracherecht einräumen

Einerseits müssen Sie als Klassenlehrer Ihre Richtlinienkompetenz teilweise sehr konsequent nutzen, um inhaltlich voranzukommen, andererseits sollen Sie laut Schulgesetz Ihre Schüler zu mündigen demokratischen Mitbürgern erziehen. Letzteres kann nur bedeuten, sie im Laufe der Zeit immer stärker an allen wichtigen Entscheidungen, die sie direkt betreffen, zu beteiligen und ihnen innnerhalb gewisser Grenzen ein Mitspracherecht einzuräumen. Dies kann z. B. die Unterrichtsinhalte und ihre Abfolge, mögliche Sozialformen, Wandertags- und Exkursionsziele betreffen (Tipp 65, 71), aber eben auch notwendige Sanktionen, die Sie als Konsequenz des Fehlverhaltens Einzelner verhängen müssen.

› Tipp 65, 71

Demokratisch erziehen

Bei vielen leichten bis mittelschweren Fällen, die sich nur innerhalb Ihrer Klasse ereignet haben, kann es sich anbieten, die Sache nicht allein zu entscheiden, sondern die Schüler bei der Problemlösung mit einzubeziehen. Ihnen sollte Gelegenheit gegeben werden, den Sachverhalt aus ihrer Sicht zu beurteilen und Vorschläge zu machen, ob – und wenn ja wie – der Klassenlehrer auf das Fehlverhalten reagieren soll (Tipp 27).

❯ Tipp 27

Schüler haben im Allgemeinen ein sehr feines Gespür dafür, was im konkreten Fall gerecht wäre und was nicht, und sehr viele zwischenmenschliche Probleme gehen leider darauf zurück, dass Schüler sich durch den Lehrer ungerecht behandelt fühlen (Tipp 91). Außerdem hat die Klasse bisweilen eine völlig andere Sicht auf die Sache als die Lehrkraft, und es kommen Aspekte ans Licht, von denen man als Lehrer bisher noch keine Ahnung hatte.

❯ Tipp 91

Das gemeinsame Diskutieren und vor allem auch die Tatsache, dass der Lehrer bereit ist, seine Entscheidung zumindest teilweise vom Votum der Schüler abhängig zu machen, zeigt diesen, dass sie ernst genommen werden und sie als Partner, wenn auch nicht als gleichberchtigte, in Bezug auf die Führung der Klasse angesehen werden.

Schüler wollen Gerechtigkeit

Achtung!

Es besteht immer die Gefahr, dass die Meinungsführer innerhalb der Gruppe eine offene und faire Diskussion unmöglich machen, weil sie selbst oder ihre Freunde betroffen sind. In diesem Fall sollten Sie die Sache von vornherein allein entscheiden.

MEDIATOR, NICHT RICHTER SEIN

27

Klassenlehrer sind sehr viel häufiger als reine Fachlehrer gezwungen, Konflikte zu entschärfen. Als Anfänger macht man dabei leicht den Fehler, sich zu schnell auf die Seite des vermeintlichen „Opfers" zu stellen und dabei zum Spielball der Schüler zu werden.

Die Rede ist hier nicht von gewalttätigen Zwischenfällen, bei denen Sie natürlich klar Position beziehen müssen, sondern von den im Alltag sehr viel öfter auftretenden verbalen Konflikten, denen teilweise bereits seit längerer Zeit kleinere Streitereien vorausgegangen sind. In der Regel müssen Ihnen dann zur „Wahrheitsfindung" die Aussagen der beiden Kontrahenten (die sich selten decken) und eventuell einiger Zeugen (die selten neutral sind) ausreichen. Was Sie überhaupt nicht beurteilen können, ist, was sich z. B. im Vorfeld bereits auf der Ebene von Facebook, SMS oder anderen sozialen Netzwerken abgespielt hat (Tipp 14, 28).

Aber das müssen und sollten Sie auch gar nicht. Konflikte sind ein normaler Teil der Entwicklung und die Jugendlichen müssen lernen, wie man mit ihnen umgeht und wie man sie entschärft oder, besser noch, löst. Indem Sie sich zum Richter aufschwingen, verhindern Sie, dass die Schüler sich selbst in der Problemlösung üben, und nehmen ihnen damit die Chance, etwas dazuzulernen und sich zu entwickeln. Anstatt sich anzumaßen, den Konflikt von außen zu lösen, sollten Sie den betroffenen Schülern anbieten, ihnen durch die Moderation eines Schlichtungsgesprächs zu helfen.

Gleich mal ausprobieren

Bei einem schlichtenden Gespräch ist es von entscheidender Bedeutung, dass nur die direkt betroffenen Schüler anwesend sind, denn ohne ihre Anhänger, auf sich allein gestellt, agieren die Kontrahenten erfahrungsgemäß deutlich weniger emotional und zeigen sich vernünftigen Argumenten gegenüber zugänglicher. Ihre Aufgabe als Moderator besteht im Wesentlichen darin, darauf zu achten, dass die Umgangsformen eingehalten werden, damit nicht nur Verbalattacken ausgetauscht werden. Falls nötig, sollten Sie zu Beginn das Ziel des Gesprächs noch einmal klar formulieren. Nur wenn es gar nicht anders geht – speziell bei jüngeren Schülern – dürfen Sie selbst einen Lösungsvorschlag unterbreiten. In schwierigen Fällen kann es hilfreich sein, das miteinander Besprochene in einer Zielvereinbarung für alle Betroffenen am Ende noch einmal schriftlich zu fixieren.

„Mobbing" ist mittlerweile zu einem inflationär verwendeten Modebegriff geworden. Er umfasst viele Einzeltatbestände, die man früher unter Ausgrenzen, Hänseln, Beleidigen, Provozieren und Bedrohen subsummierte. Völlig neu ist die Tatsache, dass die Täter mittlerweile die Anonymität des Netzes nutzen und es so dem Opfer fast unmöglich machen, sich direkt zur Wehr zu setzen. Die Betroffenen stehen den Angriffen mehr oder weniger hilflos gegenüber und die Tatsache, dass die Täter sich oft gar nicht zu erkennen geben, führt zu großem Misstrauen und zu einem massiven Vertrauensverlust in der betroffenen Klasse. Hinzu kommt, dass sofort Öffentlichkeit hergestellt wird, d. h., das Ganze bleibt nicht im unmittelbaren sozialen Umfeld, sondern kann im Extremfall landesweit eine verheerende Wirkung entfalten.

Vertrauensverlust

Welche Möglichkeiten haben Sie als Klassenlehrer, um auf „Cybermobbing" adäquat zu reagieren? Um es klar zu sagen: Nur wenige, denn das Problem spielt sich im Wesentlichen außerhalb des Klassenraumes im Netz ab und wäre, wenn es nicht so üble Folgen für die betroffenen Schüler und letztlich die ganze Gruppe entfalten würde, auch nicht Ihr Problem. Ein paar Dinge können und sollten Sie aber tun:

Negativen Folgen vorbeugen

- Weisen Sie Ihre Schüler auf die Wichtigkeit der Sicherheitseinstellungen bei sozialen Netzwerken (Pseudonyme, Zugangsbeschränkungen usw.) hin.
- Ächten Sie im Gespräch mit der Klasse Hetz- und Lästerseiten wie „I share gossip". Machen Sie den Schülern klar, dass „Freunde", die auf sie zukommen und sie fragen, ob sie dieses oder jenes schon gelesen hätten, was über sie im Netz steht, keine wahren Freunde sind, sondern ein Teil des Problems.
- In akuten Fällen und wenn Sie das Problem nicht schnell selbst in den Griff bekommen, sollten Sie sich professionelle Hilfe suchen. Laden Sie z. B. einen Experten zum Thema ein (auch für einen Elternabend) (Tipp 40). Adressen finden Sie im Netz.

❯ Tipp 40

Bleiben Sie im Rahmen Ihrer Möglichkeiten im Erlebnisraum Ihrer Schüler. Bei Facebook oder Whatsapp können Sie auf neuen Wegen in Kontakt zu Ihren Schülern treten, aber achten Sie darauf, das Lehrer-Schüler-Verhältnis zu wahren (Tipp 11, 14). Vor allem bei Whatsapp-Gruppen (als „Klassen-WhatsApp") ist Vorsicht geboten. Die meisten Datenschutzbeauftragten der Länder gehen davon aus, dass hier der Datenschutz nicht hinreichend gewährleistet ist. Sie empfehlen daher, sicherere Anbieter wie „Wire" oder „Threema" zu nutzen.

▶ Tipp 11, 14

SICH ALS KLASSENLEHRER BEWERTEN LASSEN

29

Was einem als Lehrer allgemein und als Klassenlehrer im Besonderen aufgrund des strukturellen Isolationismus der Lehrerrolle fehlt, ist ein regelmäßiges Feedback über das eigene Handeln. Hier können Sie mit relativ wenig Aufwand Abhilfe schaffen, indem Sie einen eigenen kurzen Evaluationsbogen entwickeln und diesen in Ihrer/n Klasse(n) regelmäßig einsetzen.

Evaluation vorbereiten

1. Beschränken Sie sich auf maximal sieben klar definierte Aussagen über sich, den Unterricht und das Klassenklima.
2. Die Bewertung durch die Schüler sollte im üblichen, vier Wahlmöglichkeiten eröffnenden, Raster erfolgen.
3. Sie können, wenn Sie den höheren Aufwand bei der Auswertung nicht scheuen, zusätzlich auch ein bis zwei offene Fragen stellen und die Schüler bitten, ihr Urteil in einer Gesamtnote zusammenzufassen.
4. Vor der Ausgabe der Evaluationsbögen müssen Sie der Klasse erklären, weshalb Sie sie um ein Feedback bitten, und klarstellen, dass das Ganze selbstverständlich freiwillig und absolut anonym (keine Schülernamen!) abläuft.
5. Sie müssen den Mut aufbringen, die Ergebnisse im Anschluss auch mit der Klasse zu besprechen (Tipp 86)!

▶ Tipp 86

Gleich mal ausprobieren

Hier ein Beispiel dafür, wie so ein Feedbackbogen aussehen könnte.

Feedbackbogen: Lehrerbewertung

Klasse: _____

Datum: _____

	trifft voll zu	trifft eher zu	trifft eher nicht zu	trifft gar nicht zu
1. Der Unterricht war interessant.				
2. Der Lehrer war gut vorbereitet.				
3. Die Stunden hatten einen roten Faden.				
4. Die Bewertung war gerecht.				
5. Es war ruhig genug, um arbeiten zu können.				
6. Ich war überfordert.				
7. Bei Problemen wurde mir geholfen.				
Kritik:				
Tipps:				
Bemerkungen:				
Gesamtnote:				

30

Mehr Disziplin durch Regeln

Verbindliche Regeln, die mit der Klasse gemeinsam entwickelt wurden, helfen, mit Disziplinproblemen fertig zu werden oder diesen sogar vorzubeugen. Damit dies gelingt, ist es wichtig, dass die Regeln konsequent angewendet und Verstöße von allen in der Klasse unterrichtenden Lehrkräften geahndet werden.

Bei der Entwicklung von Regeln sollte man daran denken, dass weniger mehr ist. Nicht die Anzahl der Regeln ist entscheidend. Wichtig ist vielmehr, dass die Schüler sich mit den Regeln identifizieren und wirklich gewillt sind, diese einzuhalten. Ein Dschungel aus Regeln führt eher dazu, dass sich am Ende niemand mehr darum kümmert.

Gleich mal ausprobieren

Mögliche Klassenregeln könnten sein:

1. Wir hören einander zu und akzeptieren die Meinung der anderen.
2. Wir helfen einander.
3. Wir melden uns, wenn wir etwas sagen möchten.
4. Wir arbeiten in Partner- und Gruppenarbeit leise und respektvoll zusammen.
5. Wir haben zu Stundenbeginn alle Unterrichtsmaterialien vorbereitet.
6. Wir räumen nicht mehr benötigte Materialien zurück an ihren Platz.
7. Wir gehen friedlich miteinander um und wenden keinerlei Gewalt an.
8. Wir sind pünktlich.
9. Wir erledigen unsere Hausaufgaben stets regelmäßig und sorgfältig.

Konsequenzen ziehen

Wenn ein Schüler gegen eine Klassenregel verstößt, ist es am effektivsten, ihn selbst sein Vergehen formulieren zu lassen und nicht zu sagen: „Du hast schon wieder dazwischengeredet und gegen Klassenregel Nummer drei verstoßen. Deswegen wirst du jetzt schriftlich verwarnt!" Vielmehr ist zu fragen: „Gegen welche unserer Regeln hast du verstoßen? Was ist für dich die Konsequenz daraus?"

Klassenregeln müssen eingeübt werden. Die Umsetzung funktioniert nicht von heute auf morgen. Geduld und Konsequenz sind nötig. In jüngeren Klassen kann es sinnvoll sein, Regeln und Rituale nacheinander einzuführen, um die jüngeren Schüler nicht zu überfordern (Tipp 21, 22, 31).

Regeln verinnerlichen

❯ Tipp 21, 22, 31

Um die Ecke gedacht

Regeln sollten nicht nur von den Schülern per Unterschrift anerkannt werden. Auch die Eltern können über die Klassenregeln mit der Bitte um Unterstützung informiert werden. Die Unterschrift der Eltern unterstreicht den Verbindlichkeitscharakter der Regeln für die Schüler und erhöht damit auch den Druck, diese einzuhalten.

RITUALE GEBEN SICHERHEIT

31

Rituale gelten gemeinhin als spießig, langweilig und irgendwie uncool. Dabei sind ihre positiven Wirkungen im schulischen Alltag kaum zu überschätzen. Sie schaffen Sicherheit, strukturieren das Chaos und setzen Akzente.

Schulische Rituale werden in der Regel zwar nur sehr bedingt feierlich-festlich „zelebriert", dennoch unterscheiden sie sich von normalen Routinen, indem sie gut durchdacht und begründet sind sowie inhaltlich für ein ganz bestimmtes pädagogisches Ziel stehen.

Ritual nicht Routine

Das wahrscheinlich wichtigste Alltagsritual ist der Stundenbeginn. Hier haben Sie als Klassenlehrer die Möglichkeit, individuell die Stunde zu eröffnen und damit Zeichen zu setzen. Wie genau Sie dabei vorgehen, ist letztlich abhängig von Ihrer Persönlichkeit und Ihrer Gruppe. Entscheidend ist aber, dass sich bei Ihnen und natürlich auch bei den Schülern eine gewisse Selbstverständlichkeit entwickelt, die es unnötig macht, die immer wiederkehrenden Abläufe zu

Sicherheit und Vertrautheit schaffen

Stundenbeginn jedes Mal neu zu thematisieren. Nur so ist sichergestellt, dass alle auf den Unterricht eingestimmt werden und zur Ruhe kommen. Hat sich das Ritual eingespielt, entspricht es im besten Fall einer stillen Vereinbarung zwischen Ihnen und der Klasse, die beiden Seiten Sicherheit ❯ Tipp 21, 22 und auch eine Art Vertrautheit vermittelt (Tipp 21, 22).

Um die Ecke gedacht

Von einem solchen gut etablierten Ritual zu Beginn des Unterrichts kann und muss man – wenn die Umstände es im Einzelfall erfordern – auch ganz gezielt abweichen. Dabei zeigt sich ein weiterer Vorteil von Ritualen: Weicht man bewusst von ihnen ab, signalisiert dies den Schülern, dass etwas anders und damit in der Regel nicht in Ordnung ist. Wenn Sie beispielsweise in die Klasse kommen und nicht wie sonst vielleicht üblich zuerst einen Arbeitsplan an der Tafel skizzieren und die Gruppe begrüßen, sondern stattdessen schweigend auf vollkommene Ruhe warten, weiß jeder Schüler, dass etwas nicht stimmt.

Gleich mal ausprobieren

Überlegen Sie, welche Rituale Ihnen persönlich und der Klasse dabei helfen könnten, bestimmte Ziele schneller zu erreichen, Energien nicht unnötig zu verpulvern oder sich einfach geborgener zu fühlen. Stellen Sie dabei das angestrebte konkrete Ziel dem zielführenden Ritual gegenüber:

Ziel	Ritual
Ruhe herstellen	Ganz bewusst nicht sofort auf Schülerfragen reagieren, sondern zuerst schweigend die eigenen Unterlagen sortieren und erst nach dem Eintreten völliger Ruhe die Klasse begrüßen.
Abläufe vereinfachen und Nachfragen vermeiden	An immer derselben Stelle der Tafel mithilfe einfacher Piktogramme und konkreter Zeitangaben den Unterrichtsablauf vorstrukturieren.

32

Authentizität wird von allen Seiten in Bezug auf die Lehrerrolle vehement eingefordert. Weshalb sollte man dann bisweilen auch von diesem Prinzip abweichen dürfen beziehungsweise eventuell sogar müssen?

Dass wir alle mehrere Rollen spielen – oder besser – ausfüllen müssen, ist eine Binsenweisheit. Wir wechseln tagtäglich zwischen unseren Rollen als Freund/Freundin, Mutter/Vater, Lehrer/Lehrerin usw. hin und her. In jeder dieser Rollen authentisch zu sein, ist eine wichtige Voraussetzung für ein befriedigendes Sozialleben und dauerhafte seelische Gesundheit.

Weshalb wird die Forderung nach Authentizität aber ausgerechnet bei Lehrern so stark betont? Ganz einfach, weil auf lange Sicht in diesem Beruf nur erfolgreich und befriedigend arbeiten kann und vor allem ohne größere psychische Schäden das Pensionsalter erreicht, wer bei dem, was er tut, mit sich selbst im Reinen ist. Schüler haben im Allgemeinen ein sehr feines Gespür dafür, ob der Lehrer das, was er macht oder anordnet, aus voller Überzeugung tut oder ob er, weil ihm ein klares Konzept fehlt, ständig die Rollen wechseln muss, was ihn auf Dauer unglaubwürdig wirken lässt.

Mit sich selbst im Reinen sein

Achtung!

Besonders problematisch wird das Fehlen einer klaren eigenen Position bei Konflikten oder disziplinarischen Problemen, da man nur glaubwürdig Entscheidungen treffen oder Sanktionen verhängen kann, wenn man sich seiner selbst sicher und von der eigenen Vorgehensweise überzeugt ist.

In ganz seltenen Fällen kann es allerdings notwendig sein, kurzfristig in eine Rolle zu schlüpfen, die nicht die eigene ist, und schlicht ein wenig zu „schauspielern". Beispielsweise nach einem intelligenten Schülerstreich, den man selbst insgeheim lustig bzw. gelungen findet, den man aber aus Gründen der „Schulraison" verbal verurteilen muss.

Gleich mal ausprobieren

❯ Tipp 1

Als Berufsanfänger kann es durchaus hilfreich sein, sich in Bezug auf das, was man speziell als Klassenlehrer erreichen möchte (Tipp 1), ein paar grundlegende Gedanken zu machen und so zu einer eigenen Linie zu gelangen. Formulieren Sie drei wesentliche Punkte für sich selbst, z. B.: Ich möchte, ...

sicherstellen, dass jeder Schüler meiner Klasse angstfrei lernen kann.

ein Vorbild sein in Bezug auf Wahrhaftigkeit und Toleranz.

dass meine Schüler respektvoll miteinander ungehen.

STÖRUNGEN SOFORT UNTERBINDEN

33

❯ Tipp 37

Eine alltägliche Situation: Zwei Schüler stören die Diskussion oder das Unterrichtsgespräch, weil sie sich miteinander unterhalten. Normalerweise sollten jetzt ein klares nonverbales Signal oder eine kurze Ermahnung ausreichen, um die Störung abzustellen (Tipp 37). Falls nicht, haben Sie im Wesentlichen zwei Optionen: Entweder Sie ignorieren die Störung oder Sie unterbrechen den Unterricht zur Lösung des Problems. Die erste Variante erscheint oft als der einfachere Weg, während man sich im Allgemeinen scheut, die

Störer ignorieren? Inhaltsebene zugunsten der Beziehungsebene zu verlassen. Trotzdem ist die erste Option, die Störung zu ignorieren, in aller Regel aus mehreren Gründen die schlechtere:

1. Das Problem wird sich normalerweise nicht von selbst lösen, sondern im Laufe der Zeit immer größer werden, da die beiden Schüler Ihre ausbleibende Reaktion als Ermunterung werten.

2. Sie selbst werden sich immer mehr ärgern und sich deshalb – ebenso wie der Rest der Klasse – immer weniger auf den eigentlichen Unterricht konzentrieren können.

Schüler erwarten eine Reaktion

3. Die anderen Schüler erwarten eine Reaktion von Ihnen. Bleibt diese aus, werden die Störenfriede in der nächsten Stunde sicher Nachahmer finden und Sie somit langfristig ein strukturelles Problem in Ihrem Unterricht haben.

Daher sollten Sie Störungen, die sich nicht mittels einer Kurzintervention sofort abstellen lassen und die nicht ein Indikator für prinzipielle Probleme, wie schlechten Unterricht oder eine falsche Sitzordnung, sind (Tipp 23), immer absoluten Vorrang einräumen. Selbstverständlich gibt es Situationen, wie kurze Unmutäußerungen von Schülern, bei denen man aus einer Mücke keinen Elefanten machen sollte und die man besser überhört. Die Schwierigkeit liegt wie immer darin, die in der konkreten Situation passende Entscheidung zu treffen.

❯ Tipp 23

Gleich mal ausprobieren

Folgende Situation: Zwei Schüler hören einfach nicht auf, miteinander zu reden. Sie werden lauter, fangen an, auch andere Schüler einzubeziehen: Senden Sie eine „Ich-Botschaft", in der Sie deutlich machen, weshalb Sie dieses Verhalten gerade jetzt stört. Zeigt dies keine Wirkung, stellen Sie konkrete Sanktionen in Aussicht, die aber angemessen sein müssen, einen klaren Bezug zum Fehlverhalten aufweisen und auch durchführbar sein sollten (Tipp 36). Ist auch dies noch nicht ausreichend, bitten Sie die beiden Schüler zu einem kurzen Gespräch nach dem Unterricht (Tipp 34). Letzteres hat den Vorteil, dass beide Seiten sich in Ruhe miteinander und mit dem Problem auseinandersetzen können.

❯ Tipp 36

❯ Tipp 34

SICH UM STÖRENFRIEDE KÜMMERN

34

Der Einzelne oder die Masse – wer ist wichtiger?
Eventuell kennen Sie die biblische Geschichte vom Hirten, der seine 99 Schafe verlässt, um das eine abhandengekommene Schaf zu suchen. Wenn nicht, dann können Sie sie hier nachlesen: Lukas 15, 4–6.
Die Antwort auf die eingangs gestellte Frage ist also klar: Natürlich ist der Schüler mit Disziplinschwierigkeiten wichtiger als die restliche Klasse, mit der es so halbwegs – mal besser, mal schlechter – läuft.

Den guten Ruf
wahren

❯ Tipp 33, 37

❯ Tipp 88

Ein Schüler, der aus der Reihe tanzt, sich nicht an Klassenregeln hält und permanent Ihren Unterricht stört, kann schnell von einem kleinen zu einem großen Problem werden (Tipp 33, 37). Denn er wird mit seinem Verhalten andere Schüler anstecken. Dann wird aus einem Störer eine Gruppe von Störern und schneller als man denkt, hat die Klasse bei den Kollegen ihren schlechten Ruf weg, den sie dann leider so schnell nicht mehr loswird (Tipp 88).

Um die Ecke gedacht

Herrscht in der Klasse allerdings ein guter Zusammenhalt, dann wird der Schüler wegen seines Verhaltens sicher bald von den anderen gemaßregelt, ggf. isoliert und ist damit gezwungen, sein Verhalten zu ändern.

Gespräch unter
vier Augen

Schenken Sie einem problematischen Schüler, sobald sich ein Problem in Ansätzen zeigt, Ihre volle Aufmerksamkeit. Diese Aufmerksamkeit sollte der Schüler aber nicht vor der Klasse erhalten, indem er ständig ermahnt wird und damit die Aufmerksamkeit *aller* Schüler auf sich zieht. Nein, schenken Sie dem Schüler außerhalb des Unterrichts Aufmerksamkeit, indem Sie ihn zu einem verbindlichen Gespräch einladen und mit ihm über die Probleme sprechen. Manchmal stellt sich dabei heraus, dass genau diese ungeteilte Aufmerksamkeit der einzige Grund ist, warum Schüler – leider sind es meist Jungen – zu Störern werden.

Gleich mal ausprobieren

Zeigen Sie dem Störer in einem persönlichen Gespräch ganz klar auf, welche Konsequenzen sein Verhalten in Zukunft haben kann – und drohen Sie diese nicht nur an, sondern lassen Sie sie auch Wirklichkeit werden. Ansonsten haben Sie ganz schnell an Glaubwürdigkeit und Autorität verloren.
Führen Sie über das Gespräch ein kurzes Protokoll, das die getroffene Vereinbarung und eventuelle Konsequenzen bei Verstößen auflistet. Lassen Sie das Protokoll vom Schüler unterschreiben und heften Sie es zu den Schülerunterlagen.

Achtung!

Informieren Sie die Eltern bei Problemen mit einem Schüler zeitnah. Oft genug kommt von Eltern die berechtigte Kritik, dass sie von schulischen Verhaltens- oder Leistungsproblemen erst viel zu spät, gar nicht oder erst durch das Zeugnis oder eine Ordnungsmaßnahme erfahren haben.

SITZORDNUNG ALS DRUCKMITTEL BENUTZEN

35

Als disziplinarische Maßnahme kann die Sitzordnung immer mal wieder verändert werden. Schüler, die zu viel miteinander quatschen und dabei kaum noch in der Lage sind, dem Unterricht zu folgen, können z. B. auseinandergesetzt werden. Hingegen sollten Schüler, die eine erhöhte Aufmerksamkeit des Lehrers fordern, weiter nach vorn gesetzt werden (Tipp 23, 33, 34).

❯ Tipp 23, 33, 34

Achtung!

Da Schüler (hier sind explizit Jungen gemeint) in der Regel in der Pubertät schwieriger sind als ihre Mitschülerinnen, könnte man der Versuchung erliegen, in einem Klassenraum an jeden Doppeltisch immer einen Jungen und ein Mädchen nebeneinanderzusetzen, damit die – meist schon etwas reiferen – Mädchen regulierend auf die Jungen einwirken.

Das kann klappen, wirkt allerdings für Jungen und Mädchen wie eine Bestrafung. Warum müssen Mädchen dafür herhalten, wenn der Unterricht die männlichen Störenfriede offenbar nicht hinreichend anspricht?

Bevor man auf die Idee kommt, Jungen und Mädchen immer abwechselnd nebeneinanderzusetzen, sollte man daher prüfen, ob man den Unterricht in Inhalt und Form nicht vielleicht mehr den Bedürfnissen der Schülerinnen und Schüler anpassen müsste.

36

> Tipp 30

Ganz klar, Verstöße gegen Regeln müssen Konsequenzen haben. Der erste Schritt ist sicherlich immer die Androhung einer Strafe. Bei mehrmaligen Vergehen muss die Strafe dann aber auch folgen (Tipp 30).

Die Disziplin mancher Schülergruppen, zu denen Sie vielleicht ein etwas persönlicheres Verhältnis haben, bekommen Sie eventuell in den Griff, indem Sie ungewöhnliche, unübliche Konsequenzen androhen und gegebenenfalls natürlich auch anwenden.

Diese könnten sein:

Kreativität beweisen

■ Wer zu spät kommt, muss bei der nächsten Gruppenarbeit die Rolle des Zeitwächters übernehmen und darauf achten, dass sich alle an die zeitlichen Vorgaben halten.

■ Wer unaufhörlich mit dem Nachbarn quatscht, bereitet zur nächsten Stunde einen Kurzvortrag zum Thema „Kommunikation zwischen Jungen und Mädchen während der Pubertät" vor.

■ Die drei Schüler, die am häufigsten ihre Hausaufgaben vergessen, müssen eine Choreografie zu der Titelmusik des Films *Dirty Dancing* einstudieren – und vor den Mitschülern aufführen.

Angemessenheit

Seien Sie kreativ. Achten Sie dabei jedoch stets darauf, dass eine Strafe angemessen, effektiv und nicht entwürdigend ist.

Achtung!

Erteilen Sie keine Strafen, die nicht sofort bzw. nicht in der Schule zu erfüllen sind. Die Strafe „Backe zur nächsten Woche eine Torte für die Klasse" wird wohl eher nicht erledigt werden.

Ebenso sind Strafen ineffektiv, die nicht überprüfbar sind: „Hilf einer alten Frau über die Straße" oder „Ärgere keine kleinen Kinder mehr auf dem Schulhof" (das sollte ohnehin selbstverständlich sein).

37

Sicherlich haben Sie Schüler in Ihrer Klasse, die Probleme mit Ihnen, Ihrer Unterrichtsform, mit dem Thema oder den Mitschülern haben. Wahrscheinlich äußern sich die Probleme, indem die Schüler

- sich nicht lange konzentrieren können,
- nicht zuhören, wenn Sie etwas sagen,
- das Gehörte zwar wahrnehmen, aber nicht verarbeiten und umsetzen,
- Arbeitsaufträge nicht verstehen,
- Arbeitsaufträge nicht befolgen,
- sich leicht ablenken lassen,
- andere Schüler ablenken (Tipp 33-35),
- zu langsam arbeiten,
- nie fertig werden.

❯ Tipp 33–35

Die Liste ließe sich noch fortsetzen.

Versuchen Sie, mit einer Toblerone®-Schokolade Ruhe in die Sache zu bringen: Nachdem Sie die Schokolade beim Korrigieren von Tests oder danach als Belohnung aufgegessen haben, bekleben Sie die Außenseiten mit weißem Papier und beschriften jede der drei Seiten mit einem den betreffenden Problemschüler anspornenden Satz. Diese könnten wie folgt lauten:

Aufsteller basteln

1. Was soll ich tun?
2. Fang an!
3. Mach weiter!

Der beschriftete Aufsteller steht von nun an auf dem Tisch des Schülers mit den oben beschriebenen Problemen. So hat er immer im Blick, dass er Aufträge hat, die er erledigen muss.

Bei einem anderen hyperaktiven Schüler könnte die Beschriftung auch lauten:

1. Nicht kippeln!
2. Nicht quatschen!
3. Nicht träumen!

Gleich mal ausprobieren

Natürlich können Sie die Schüler auch in die Herstellung der Aufsteller einbeziehen: Essen Sie zuerst gemeinsam die Schokolade auf, und überlegen Sie dann, welche Hinweise für die persönliche Motivation am hilfreichsten sind (oder umgekehrt).

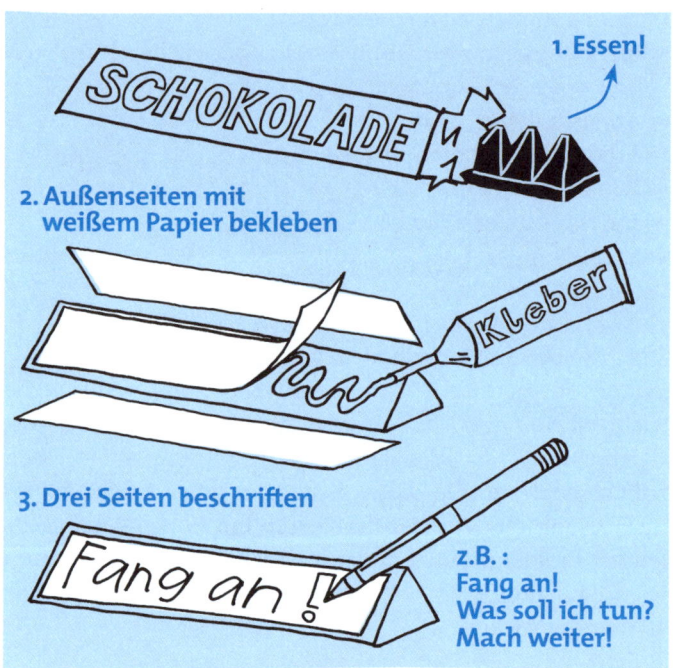

KLASSENRAT EINSETZEN

38

Der Klassenrat ist ein Konfliktlösungsmodell, das in den letzten Jahren immer mehr Verbreitung findet. Es stammt ursprünglich aus der Freinet-Pädagogik und entspricht einer regelmäßig in der Klasse stattfindenden Gesprächsrunde. Die Schüler beraten und entscheiden selbst über Regeln, ❯ Tipp 30 Vorhaben und Inhalte (Tipp 30).

Es können sowohl pädagogische Inhalte des Unterrichts als auch erzieherische Maßnahmen bzw. Konfliktlösungen sowie Projekte besprochen und geplant werden.

Meistens leitet ein Schüler, der Präsident, den Klassenrat. Dieser Vorsitz wird für gewöhnlich auf Zeit gewählt oder rotiert in der Klasse.

Die gemeinsam aufgestellten Regeln für die Sitzungen können folgendermaßen lauten:

Umgangsregeln

1. Alle sitzen im Stuhlkreis.
2. Alle hören einander zu.
3. Alle sprechen einander direkt an.
4. Es gibt keine Außenseiter.
5. Es wird nur zum Thema gesprochen.
6. Es werden alle Entscheidungen akzeptiert.

Jede Sitzung hat eine Tagesordnung, die vorher verkündet bzw. ausgehängt wird. Dafür hängt in der Klasse ein Briefkasten, in den die Schüler Themenvorschläge für den Klassenrat einwerfen können. Die Sitzungen werden protokolliert und die Protokolle in der Klasse aufgehängt.

Tagesordnung und Protokoll

Um die Ecke gedacht

Die pädagogischen Effekte des regelmäßig und erfolgreich durchgeführten Klassenrats können sein:

- Verbesserung der Konfliktfähigkeit,
- Ausbau der kommunikativen Kompetenz,
- höhere Selbst- und Fremdwahrnehmung,
- Entwicklung eines demokratischen Verständnisses,
- Einhaltung von Regeln,
- Verbesserung der Klassengemeinschaft (Tipp 13, 17),
- Übernahme von persönlicher Verantwortung (Tipp 38, 81).

❯ Tipp 13, 17
❯ Tipp 38, 81

Eva und Hans-Joachim Blum (Blum, 2006) sowie Birte Friedrichs (Friedrichs, 2009) geben in ihren Büchern wertvolle Hinweise zum Thema. Auch im Internet finden sich dazu zahlreiche Informationen, z. B. bei Wikipedia.

39

Selbst nach langem Studium, Referendariat und einigen Jahren Berufserfahrung – auch Lehrer stoßen an ihre Grenzen. Und niemand kann erwarten, dass Lehrer alle Probleme in der Klasse allein lösen.

Potenzielle Ratgeber

Wenn die Disziplin in der Klasse nicht mehr stimmt und Probleme auftauchen, für die man selbst keine Lösung weiß, ist es sinnvoll und ratsam, sich bei anderen Rat zu holen. Das ist keine Schande und hat nichts mit verminderter Leistungsfähigkeit zu tun. Je nach Problemstellung gibt es hier verschiedene Anlaufstellen (Tipp 40):

> Tipp 40

- die Kollegen – sicher der erste Weg, wenn es mal schwierig wird. Kollegen kennen die Schule, das soziale Umfeld, eventuell sogar einzelne der betroffenen Schüler (Tipp 87, 90).

> Tipp 87, 90

- der Schulleiter – steht schon qua Amt als Unterstützung zur Verfügung und sollte bei ernstzunehmenden Schwierigkeiten auch ohne zu zögern hinzugezogen werden.

Gleich mal ausprobieren

Erstellen Sie einen Krisenplan:

Wenn ich das Problem nicht bis (Datum) allein löse, ziehe ich den Kollegen XY hinzu.

Wenn das nicht hilft, wird der Schulleiter involviert.

Schafft auch das keine Abhilfe, ergreife ich folgende weitere Maßnahmen: ...

So ein Krisenplan hilft Ihnen, eine klare Strategie zur Problembewältigung zu entwickeln. Auf diese Weise wird gleichzeitig auch Frust vermieden, wenn eine Maßnahme nicht gegriffen hat, denn Sie haben ja noch weitere Ideen auf Lager.

40

Wer krank ist, geht zum Arzt – keine Frage. Keiner guckt einen schräg an, wenn man sagt: „Ich war beim Arzt." Wer psychische Probleme hat, spricht schon weit weniger darüber: „Ich war gerade beim Psychologen …", hört man äußerst selten. Nicht ungewöhnlich ist dagegen: „Das macht mir mein Schreiner …"
Der Gang zum Fachmann ist in vielen Bereichen völlig normal, in anderen eher schwierig und wird so lange wie möglich vermieden.

Hemmschwellen abbauen

Auch für spezielle schulische Problemsituationen gibt es Fachleute, die ihr Handwerk gelernt haben und Profis sind, wo Sie vielleicht eher als Laie gelten:

Psychologen, Ärzte, Therapeuten

- Beratung beim Psychologen – warum nicht hier nachfragen und Unterstützung suchen, wenn die Situation schwierig wird.
- Hilfestellung durch Ärzte – wenn die Auffälligkeiten pathologisch sind, dann müssen Spezialisten gefragt werden.
- Unterstützung durch Sozialarbeiter oder Erzieher – sicherlich sind Sie auch Pädagoge, aber diese Fachleute sind für die speziellen Problemsituationen ausgebildet.
- Mitwirkung von Therapeuten – ob Musik, Bewegung, Verhalten, Spache – für alles gibt es speziell ausgebildete Therapeuten, die Ideen haben, wie man schwierige Situationen meistern kann.

SOS-Tipp

Egal ob Sie diese Hilfestellungen für sich persönlich brauchen oder ob Sie Unterstützung für die Arbeit mit der Klasse benötigen: Warten Sie nicht zu lange. Fachleute sind Spezialisten in ihrem Fach – lassen Sie frühzeitig zu, dass Ihnen geholfen wird. Wenn Sie zu lange warten, machen Sie sich mehr Mühe als nötig – ist erst einmal der Wurm drin, ist er nur schwer wieder herauszubekommen.

41

Sollte man den Eltern die eigene Telefonnummer mitteilen? Eine immer wieder auftauchende und nur schwer zu beantwortende Frage. Die Antwort ist vor allem abhängig von Ihrer eigenen Verfassung (Belastbarkeit) und der Klientel, mit der Sie arbeiten. Versuchen Sie am besten einen Mittelweg zwischen bedingungsloser Verfügbarkeit (auf Dauer ungesund) und völliger Blockade (nicht ratsam, da man leicht die wichtige Tuchfühlung mit der Elternschaft verliert) zu finden.

Hier eine kleine Auswahl:

Wem gebe ich meine Nummer?

■ Sie geben auf dem Elternabend Ihre Nummer bekannt, weisen aber darauf hin, dass auch ein Lehrer mal abschalten muss, und bitten darum, nur in sehr dringenden Fällen und nicht nach 20 Uhr angerufen zu werden.

Achtung!

Leider gibt es in fast allen Klassen distanzlose Eltern, die wegen jeder Kleinigkeit und natürlich auch außerhalb dieser Zeiten anrufen.

❯ Tipp 58

■ Sie schalten die beiden Elternvertreter als eine Art Puffer davor, indem Sie nur diesen beiden Ihre Nummer geben (Tipp 58). Die Elternvertreter bitten Sie dann in den wirklich wichtigen Fällen, die entsprechenden Eltern zurückzurufen.

■ Sie beschaffen sich einen Anschluss mit mehreren Telefonnummern und geben nur eine spezielle an Ihre Elternschaft weiter. Dies hat den Vorteil, dass Sie je nach Verfassung direkt rangehen oder einfach später zurückrufen können.

42

Das hat Ihnen gerade noch gefehlt: der Elternstammtisch – das bedeutet, wertvolle Zeit am Abend mit Menschen zu verbringen, deren Nachkommenschaft Sie oft schon den ganzen Tag genervt hat.

Aber unterschätzen Sie diese Einrichtung nicht. So überholt das Wort Stammtisch auch sein mag, hier stecken zwei Dinge drin, die wichtig sind:

- Stamm (wohl von Volksstamm): Hier treffen sich Menschen mit einer gemeinsamen Wurzel bzw. einem gemeinsamen Anliegen – in diesem Fall die Elternschaft. Andere haben hier nichts verloren bzw. sind auch nicht interessiert.

  Das Thema ist klar, wenn auch breit gefächert. Es gibt keine Limitierungen, wie weit das Thema gefasst wird: Es geht um die Schule, die Klasse, die Kinder.

  Lange Erklärungen sind unnötig, der Stamm kennt sich spätestens nach dem zweiten Treffen und eine lockere Kommunikation ist von Haus aus gewährleistet.
- Tisch: Man trifft sich an immer wieder demselben (runden) Tisch, um den alle zusammensitzen – das schützt, hilft beim Abstellen des Getränks und beim Aufschreiben der Ergebnisse – und manchmal kann man auch draufhauen.

Dieser Stammtisch hat noch weitere Vorteile:

- Sie müssen ihn nur initiieren. Einen Ort vorschlagen oder vielleicht noch nicht mal das. Sie brauchen nichts vorzubereiten, nicht für Getränke zu sorgen, nicht aufzuräumen. Sie brauchen nicht zu kassieren oder abzurechnen – und Sie können kommen und gehen, wann Sie wollen.
- Sie sind nur einer von vielen – manchmal ist Ihre Anwesenheit vielleicht sogar überflüssig. Die Veranstaltung heißt Elterstammtisch – lassen Sie den Eltern dieses Forum und genießen Sie, dass Sie hier nicht führend und leitend parat stehen müssen.

Merkmale

Eltern sind verantwortlich

Um die Ecke gedacht

> Entscheidend für Sie ist, dass es einen solchen Eltern-stammtisch gibt, die Eltern im Austausch sind, Aktionen planen, Feste verabreden und sich Gedanken über ihre Kinder und das leidige Thema Schule machen.
>
> ➤ Tipp 41
>
> Seien Sie verfügbar, wenn man Sie braucht (Tipp 41) – blei-ben Sie zu Hause, wenn Sie nicht vonnöten sind. Nutzen
>
> ➤ Tipp 44, 47
>
> Sie dieses Forum, um sich zu entlasten (Tipp 44, 47).

43 KONTAKT ZU DEN ELTERN HERSTELLEN

Sind Sie gezwungen, die Eltern zu sich in die Schule zu bestellen, um über deren Kind und die damit verbundenen Probleme zu sprechen, ist es in den meisten Fällen bereits zu spät. Zu Recht berichten Eltern oft davon, erst viel zu spät über Probleme informiert worden zu sein.

Tritt das Problem zutage, sollten Sie schon längst mit den Eltern in Kontakt stehen und somit unproblematisch auf sie zugehen können.

Erste Kontakt-aufnahme

Eltern werden selten auf Sie zukommen – es sei denn, es handelt sich um einen Notfall. Es liegt also an Ihnen, den ersten Kontakt herzustellen. Dazu gibt es mehrere Möglich-keiten:

➤ Tipp 47
- Der Elternstammtisch (Tipp 47)
  Die wohl unkomplizierteste Form, Eltern zu treffen, ken-nenzulernen und mit ihnen in Kontakt zu treten.

➤ Tipp 52, 53
- Der Elternabend (Tipp 52, 53)
  Eine etwas formellere Versammlung, aber sicher eine gu-te Möglichkeit, an die Eltern heranzutreten, wenn es kon-kret etwas zu besprechen gibt oder Informationen ausge-tauscht werden müssen.

➤ Tipp 50
- Die Sprechstunde (Tipp 50)
  Man kann auch Sprechstunden vereinbaren und anbieten, ohne dass es einen konkreten Anlass gibt. Das wird sicher eher selten der Fall sein, aber einen Versuch ist es wert.

- Das Klassenfest (Tipp 62)

❯ Tipp 62

Ein Fest bedarf sicherlich größerer Vorbereitungen, liefert aber meist einen unkomplizierten Rahmen, um mit einzelnen Elternteilen für eine erste Kontaktaufnahme ganz unkompliziert ein wenig ins Gespräch zu kommen.

Das klingt vielleicht alles sehr aufwendig und schwierig. Aber wenn Sie erst im Ernstfall loslegen, ist die Kontaktaufnahme noch viel schwieriger. Sicher lassen sich einige Probleme so schon im Vorfeld entschärfen, wenn nicht sogar lösen.

Im Vorfeld aktiv sein

Gleich mal ausprobieren

Um zu vermeiden, dass Sie erst bei einem konkreten Problem Kontakt zu den Eltern aufnehmen:

- Legen Sie am Schuljahresanfang fest, wann, wie, wo und wie oft Sie Kontakt zu den Eltern Ihrer Schüler aufnehmen wollen (Tipp 7).

❯ Tipp 7

- Führen Sie Buch darüber, mit wem Sie in Kontakt waren (Tipp 9).

❯ Tipp 9

- Halten Sie den Kontakt, auch wenn keine Notwendigkeit besteht.
- Machen Sie es sich zur Regel, mindestens zweimal im Schuljahr jedes Elternpaar bzw. Elternteil Ihrer Schüler persönlich gesprochen und kontaktiert zu haben (Tipp 48, 49).

❯ Tipp 48, 49

ELTERN ALS PARTNER VERSTEHEN

44

Es gibt sie alle: Eltern, die nur nerven, weil es ihnen ja schließlich um das Wohl ihres Kindes geht; Eltern, denen Schule schlicht am Allerwertesten vorbeigeht; Eltern, die immer viel besser wissen, wie man es machen muss (Tipp 60). Und Eltern, die fest davon überzeugt sind, dass Erziehung Sache der Schule und des Lehrers ist.

❯ Tipp 60

Was sind sie also nun, diese Eltern: Feinde? Freunde? Partner? Gegenüber? Wettbewerber? Eltern sind alles und noch

Eltern nehmen, wie sie sind

viel mehr: unmöglich, einzigartig, hilfreich und maßlos. Also was tun? Auf keinen Fall versuchen, sie zu ändern. Das wäre nicht nur anmaßend, sondern auch ohne Aussicht auf Erfolg. Eltern sind, wie sie sind – und damit basta.

Und trotzdem können Sie Ihnen in der Ausübung Ihres Jobs hilfreich zur Seite stehen. Gehen Sie also strategisch vor. Wenn Sie die Eltern ein wenig kennengelernt haben ❯ Tipp 43, 48, 49 (Tipp 43, 48, 49), werden Sie schnell bemerken, wer welche Stärken hat – und wo Schwächen deutlich werden.

Gleich mal ausprobieren

Machen Sie sich Notizen und vergeben Sie Positionen für potenzielle Kandidaten:

Präsident: Elternklassensprecher

Wirtschaftminister: Klassenkasse und finanzielle Aufgaben ❯ Tipp 46 (Tipp 46)

Ernährungsminister: Sommerfest und Abschlussfeier

Erziehungsminister: Begleitperson bei Klassenfahrten

Sportminister: Wandertag und andere Aktionen

Verteidigungsminister: Sprecher für Anliegen und Anträge

Kulturminister: Begleitperson für Theaterbesuche usw.

❯ Tipp 51, 59 Parlamentarier: Menschen, die helfen, wo nötig (Tipp 51, 59).

Opositionelle: Sind gegen alles, was nicht von ihnen kommt

Im Sinne der Kinder

Wenn Sie die Posten besetzt haben – durchaus doppelt und dreifach, denn man weiß ja nie –, sind Sie perfekt vorbereitet, wenn es darum geht, Eltern anzusprechen, ob sie helfen. Verstehen Sie Eltern grundsätzlich als Partner in einem der schwierigsten Geschäfte, die wir zu erledigen haben: die Erziehung unserer Kinder.

Wenn Sie gegen sie arbeiten, werden die Eltern zu Feinden. Das können Sie nicht brauchen. Also holen Sie sie ins Boot. Nur die wenigsten werden ihre Hilfe verweigern.

45

Wer hat Ahnung davon? Wer ist Spezialist dafür? Wie könnte man hier mehr erfahren oder dort eine Einleitung in ein besonderes Fachgebiet bekommen? Greifen Sie auf die Erfahrungen und Kenntnisse der Eltern zurück!

Geht man davon aus, dass die meisten Elternteile einen Beruf haben, sollte sich innerhalb einer Klasse ein buntes Potpourri von Berufen ansammeln. Verschaffen Sie sich möglichst schnell einen Überblick, um diesen Erfahrungsschatz zu Ihren Gunsten zu nutzen (Tipp 9, 43, 49).

❯ Tipp 9, 43, 49

Gleich mal ausprobieren

Machen Sie ein Spiel daraus: Jeder Schüler interviewt seinen Banknachbarn, was dessen Eltern beruflich machen (Tipp 3). Wichtig ist, dass die Schüler sich dabei auch erzählen, worum es in dem Beruf im Einzelnen geht.

❯ Tipp 3

Nun dürfen die anderen Schüler dreimal versuchen zu erraten, welche Berufe die Eltern eines Schülers ausüben. Wahrscheinlich werden sie selten einen Treffer landen, aber egal. Dann stellt jeder Schüler die Berufe der Eltern seines Banknachbarn vor. Dieser kann natürlich hilfestellend und ergänzend eingreifen.

Auf diesen Pool von Berufen können Sie nun bei jeder Gelegenheit zurückgreifen, z. B. für
- Schülerpraktika
- Berufsvorbereitung
- Organisation von Festen
- Klassenfahrten
- Verschönerung der Klassenräume (Tipp 18)
- Sportveranstaltungen

❯ Tipp 18

Um die Ecke gedacht

Die meisten Eltern sind stolz, wenn sie ihre Kenntnisse und Erfahrungen hilfreich für das Kind und damit für die Klasse einsetzen können. Also: Fragen kostet nichts!

46

Was das alles kostet! Was, das kostet schon wieder so viel? Wohin mit den Kosten? Kosten reduzieren …

Der normale Schulhaushalt wird immer enger und immer weniger Kosten lassen sich daraus decken. Also müssen besondere Unternehmungen aus anderen Quellen finanziert werden. Sicher kann man einiges über Spenden abwickeln, aber um eine zusätzliche Klassenkasse wird man nicht herumkommen.

Verantwortung an Eltern abgeben

Eine Aufgabe für die Eltern. Es ist nicht empfehlenswert, als Klassenlehrer das Amt des Kassenwarts zu übernehmen. Zum einen wäre es ein weiterer Punkt, um den man sich kümmern müsste, zum anderen würde man sich angreifbar machen, sollte es Probleme mit der Klassenkasse geben.

Gleich mal ausprobieren

Machen Sie das Thema Klassenkasse zum Projekt. Lassen Sie die Eltern – zum Beispiel am ersten Elternabend – dieses Thema diskutieren (Tipp 54, 55):

❯ Tipp 54, 55

- Wozu eine Klassenkasse?
- Was soll damit finanziert werden?
- Warum geht es heute nicht mehr ohne Klassenkasse?
- Wie viel Geld sollte pauschal dort einbezahlt werden?
- Welche weiteren Einnahmequellen könnte man generieren?
- Wer kann die Kasse verwalten?
- Wo kann ein Konto dafür eröffnet werden?

Finden Sie am besten noch am gleichen Abend ein Elternteil, das die Verantwortung für die Klassenkasse übernimmt.

Um die Ecke gedacht

Wenn es um Geld geht, sind Genauigkeit, Verlässlichkeit und Vertrauen gefragt. Wenn Sie die Berufe der Eltern kennen (Tipp 45), können Sie vielleicht schon im Vorfeld zwei, drei heimliche Kandidaten für die Verwaltung der Klassenkasse in Betracht ziehen und auf dem Elternabend vorschlagen. Die endgültige Wahl sollten aber auf jeden Fall die Eltern selbst treffen!

❯ Tipp 45

47

Für einen Klassenlehrer gibt es viel zu tun. Auf ganz verschiedenen Gebieten. Vielleicht sogar in Bereichen, die man gar nicht gelernt hat. Kriegt man trotzdem schon alles irgendwie hin. Irgendwie schon, aber dient es der Sache? Ist das wirklich notwendig?

Auch wenn man als Klassenlehrer für vieles verantwortlich ist, heißt das noch lange nicht, dass man auch alles selbst erledigen muss.

Gleich mal ausprobieren

Selbsteinschätzung: Organisation eines Grillfestes

Testen Sie sich selbst und kreuzen Sie an:

Organisation eines Grillfestes	Kann ich sehr gut	Kann ich gut	Kann ich weniger
Termin finden			
Lebensmittelbedarf planen			
Getränkebedarf planen			
Ausstattung planen			
Unterhaltung planen			
Kosten regeln			
Lebensmittel einkaufen			
Getränke einkaufen			
Bierbänke, Grill usw. besorgen			
Salate vorbereiten			
Wetter beobachten und reagieren			

Organisation eines Grillfestes	Kann ich sehr gut	Kann ich gut	Kann ich weniger
Ausstattung aufbauen			
Begrüßung			
Grillen			
Essensausgabe			
Getränkeausgabe			
Unterhaltungsprogramm durchführen			
Ablauf kontrollieren			
Aufräumen			
Lebensmittel verteilen/ verstauen			
Getränke abrechnen/ zurückbringen			
Ausstattung zurückbringen			
Abrechnen			

Natürlich können Sie das alles selbst, aber so ein Fest ist ein sehr gutes Beispiel dafür, dass es nur dann gut funktionieren kann, wenn Sie viele Aufgaben an die Eltern und natürlich auch an die Schüler delegieren (Tipp 51, 59, 65).

❯ Tipp 51, 59, 65

Achtung!

Delegieren Sie nicht nur das, was Sie nicht so gerne machen oder nicht so gut können. Beteiligen Sie sich mindestens in einem Bereich, der Ihnen eher fern liegt. Seien Sie ein Vorbild, zeigen Sie sich lernwillig! So lernen Sie neue Dinge kennen, die am Ende vielleicht auch Spaß machen.

48

Eltern werden sicher nicht zu Ihren besten Freunden – müssen sie auch gar nicht. Trotzdem sollten Sie immer die Möglichkeit haben, sehr schnell und direkt mit den Eltern zu kommunizieren. Das soll nicht heißen, dass Sie wegen jeder Kleinigkeit gleich alle Eltern anrufen müssen. Aber manchmal ist ein allgemeiner Hinweis auf ein anstehendes Ereignis hilfreich, anstatt davon auszugehen, dass die Eltern Bescheid wissen (Tipp 53). Einer hat es immer vergessen:

❯ Tipp 53
Rundschreiben

- **E-Mail**

  Sicher ein gutes Medium, um Rundschreiben, allgemeine Informationen für alle oder auch Dokumente oder Bilder zu versenden. Manchmal ist die E-Mail auch eine gute Möglichkeit für persönlichen Kontakt, wenn man spät abends noch etwas abschicken will oder wenn man, bei komplizierten Fällen, den Inhalt lieber noch einmal genau prüfen will, bevor man etwas verschickt.

Achtung!

Halten Sie die E-Mail-Adressen in Ihrer Datenbank immer aktuell (Tipp 9). Legen Sie sich Adressgruppen für den Versand an alle Eltern, die Elternklassensprecher, den Elternbeirat usw. an. Das erleichtert den schnellen Versand.

❯ Tipp 9

- **Telefon**

  Das wohl direkteste und schnellste Medium. Man kann sprechen und direkt Antworten abfragen. Aber manchmal stört man auch, oder der andere hat das Besprochene nach dem Auflegen schon wieder vergessen, weil er eigentlich gerade etwas anderes macht.

Direkter Kontakt

Achtung!

Für den schnellen Kontakt ist eine aktuelle Telefonliste sehr wichtig. Überlegen Sie genau, ob Sie es mobil oder unter der Festnetznummer probieren. Hier ist die Wahrscheinlichkeit höher, dass Ihr Ansprechpartner in der Lage ist, Ihren Anruf in Ruhe entgegenzunehmen.

Schneller Kontakt ■ SMS

Manchmal eine gute Möglichkeit, schnell zu kommunizieren, wenn man nicht weiß, wo man den anderen gerade erreichen kann. Allerdings sollte man sich den Inhalt genau überlegen und ebenso, ob man um Rückruf bittet oder um Antwort ebenfalls per SMS. Für eine umfassendere Kommunikation ist dieses Medium nicht geeignet.

Um die Ecke gedacht

Eine SMS hat eher einen persönlichen Charakter. Überlegen Sie, ob es Ihrer Beziehung zu dem Empfänger entspricht, schnell eine SMS zu schicken, oder ob Sie lieber warten, bis Sie einen Telefonkontakt herstellen können.

Nicht geeignet! ■ Soziale Netzwerke

Vielleicht überlassen Sie diese Kommunikationswege lie-
❯ Tipp 14 ber den Schülern (Tipp 14), es sei denn, viele der Eltern zeigen sich im Umgang damit erfahren. Dann kann es einen Versuch wert sein. Für seriöse Kommunikation und die Vermittlung von wichtigen Sachverhalten bieten sich soziale Netzwerke aber nicht an.

Achtung!

Überall, wo Sie personenbezogene Daten speichern, müssen Sie in Zukunft die Vorgaben der DSGVO beachten.

ETWAS NUR MIT DEN ELTERN UNTERNEHMEN

49

Eltern und ihre Kinder – untrennbare Gespanne. Besonders in der Schulwelt gibt es sie nur im Doppelpack.
Während Sie mit den Schülern meist allein zu tun haben, erleben Sie die Eltern eigentlich nur im Kontext mit ihren Kindern. Auch wenn die Eltern am Elternabend oder in der
❯ Tipp 42, 50 Sprechstunde mit Ihnen allein reden (Tipp 42, 50) – es geht doch fast nur um die Kinder und deren Anliegen.

Wenn Sie Eltern besser kennenlernen und damit vielleicht auch Ihre Schüler besser verstehen wollen, macht es Sinn, die Erziehungsberechtigten auch mal jenseits von Schule und Schülern zu erleben.

Gleich mal ausprobieren

Überlegen Sie, was die Eltern Ihrer Klasse eventuell interessieren könnte:

	gute Idee	eher schwierig	voll daneben
Elternstammtisch			
Kinobesuch			
Elternwandertag			
Betriebsbesichtigung			
Weinprobe			
Konzertbesuch			
Fußballturnier			
Tischtennisturnier			
Bastelabend			
Besuch eines Vortrages			
Besuch einer sozialen Einrichtung			

Wählen Sie drei der genannten Ideen aus und schlagen Sie sie auf dem nächsten Elternabend vor. Ihr Ziel sollte es sein – nach gemeinsamer Entscheidung mit den Eltern –, eine der Ideen im kommenden Jahr umzusetzen.

Wenn es gut gelingt, machen Sie es zur Regel. Auch die Eltern werden die jährliche „Endlich geht es auch mal um uns"-Aktion schnell schätzen lernen.

DIE BESONDERE SPRECHSTUNDE

50

Es gibt Eltern, die einfach keine Zeit für Schulveranstaltungen haben. Das sind die „Schule ist blöd"-Eltern, die „Das Gerede kann ich mir sparen"-Erziehungsberechtigten und die „Darum kümmert sich meine Frau/mein Mann"-Paare. Doch auch und vielleicht gerade diese Eltern sollten Sie einmal kennenlernen und ihnen den Weg in die Schule oder direkt zu Ihnen schmackhaft machen.

Neugier wecken

Wie könnte das funktionieren? Setzen Sie auf die natürliche Neugier des Menschen. Bieten Sie etwas an, was die Eltern so noch nicht gesehen bzw. erlebt haben, was sie bestimmt neugierig macht: Reizen Sie sie mit der „besonderen Sprechstunde".

Gleich mal ausprobieren

Entwickeln Sie die „besondere Sprechstunde":

1. Feststellung

Welche Eltern habe ich noch nie persönlich gesprochen oder getroffen bzw. nur einmal ganz oberflächlich kennengelernt? Erstellen Sie eine Liste.

2. Analyse

Welche Informationen habe ich über diese Eltern? Berufe, Umfeld usw.? (**Tipp 9**)

❯ Tipp 9

3. Überlegung

Nehmen Sie sich diese Eltern einzeln vor und überlegen Sie genau:

■ Was könnte die Eltern bisher abgehalten haben, meine Angebote zu nutzen?

■ Was könnte diese Eltern reizen und interessieren?

■ Wie könnte ich ein Angebot formulieren, damit die Eltern es annehmen?

4. Durchführung

Schreiben Sie eine persönliche Einladung für diese „besondere Sprechstunde". Bitten Sie um Antwort und fassen Sie nach, wenn keine Reaktion kommt (**Tipp 53**), suchen Sie den persönlichen Kontakt.

❯ Tipp 53

■ Dann führen Sie die Sprechstunde durch.

Sicher ist es nicht immer leicht, Eltern für ein Gespräch in die Schule zu locken, ohne dass es ein aktes Problem gibt. Deshalb hier ein Beispiel, wie es trotzdem gelingen kann:

Eltern überzeugen

1. Das Ehepaar Schmittmeier war noch nie in der Schule.
2. Fred Schmittmeier ist Straßenbahnfahrer und HSV-Fan, Frau Schmittmeier ist gelernte Erzieherin, kümmert sich aber im Moment zu Hause um die Kindererziehung (vier Kinder). Das Kind in Ihrer Klasse ist eher schwierig.
3. Herr Schmittmeier arbeitet im Schichtdienst. Seine Frau ist mit vier Kindern sehr belastet.

Vielleicht könnte Herr Schmittmeier die Klasse per Sonderfahrt mit in den Werkshof nehmen oder eine Fan-Fahrt zum Stadion am Samstag organisieren?

Bitten Sie Herrn Schmittmeier zum Gespräch, um Ideen für eine gemeinsame Umsetzung zu sammeln – Nahverkehr und Ökologie seien gerade ein Thema in der Klasse. Fragen Sie, ob Frau Schmittmeier auch mitkommen könnte, denn gerade bei einer solchen Aktion sei jede helfende Hand herzlich willkommen (Tipp 51, 59).

❯ Tipp 51, 59

ELTERN ZUR MITHILFE MOTIVIEREN

51

Eigentlich hat man schon genug damit zu tun, jeden Tag die Schüler aufs Neue zu motivieren. Warum es also auch noch bei den Eltern versuchen? Ganz klar: Unterstützen die Eltern die schulische Arbeit aktiv, dann wird manches leichter – für Sie als Lehrkraft und für Ihre Schüler (Tipp 47).

❯ Tipp 47

Der richtige Weg, Eltern zur Mitarbeit zu bewegen, besteht aus mehreren Stufen:

1. Eltern können sich nicht am Schulgeschehen beteiligen, wenn sie nicht wissen, was passiert und wo sie gebraucht werden könnten. Deswegen ist es wichtig, Eltern regelmäßig zu informieren, z. B. über eine Rundmail von Ihnen als Klassenlehrer (Tipp 15, 48). Natürlich kann diese Aufgabe auch von einem der Elternsprecher übernommen werden. Viel-

Eltern informieren

❯ Tipp 15, 48

leicht ist sogar ein Klassensprecher bereit, einmal im Monat einen kurzen Bericht über die Ereignisse in der Klasse für alle Eltern zu verfassen.

Rubriken dieser Rundmail könnten z. B. sein:

- Das ist in den vergangenen Wochen geschehen
- Diese Klassenarbeiten und Tests stehen an
- Termine im nächsten Monat
- Hier brauchen wir Ihre Hilfe
- Darüber haben wir gelacht
- Danke!

Jede Hilfe ist willkommen!

2. Den Eltern muss verständlich gemacht werden, dass ganz unterschiedliche Formen von Hilfe gebraucht werden können – jeder kann etwas, das der Schule nützt: Einer hält einen Vortrag über seinen Beruf, ein anderer renoviert den Klassenraum, ein dritter backt Kuchen für das Klassenfest, wieder ein anderer begleitet den Schulausflug oder unterstützt schwache Schüler beim Lesetraining (Tipp 45).

❯ Tipp 45

Jede Elternversammlung muss dazu genutzt werden, zu betonen, dass Schule nur gelingen kann, wenn Schüler, Eltern und Lehrer zusammenarbeiten und in unterschiedlichen Bereichen kooperieren.

Ansprechpartner

3. Wenn Eltern sich zur Mitarbeit bereiterklärt haben, dürfen sie nie den Eindruck haben, sie seien die Einzigen in der Klasse, die etwas tun. Achten Sie auch darauf, dass Sie als Ansprechpartner und Aufsichtsperson immer zur Verfügung stehen (Tipp 41, 59).

❯ Tipp 41, 59

Um die Ecke gedacht

❯ Tipp 42

Natürlich darf der Dank für ehrenamtliches Engagement nicht zu kurz kommen. Dieser kann am Ende einer Aktion, bei der nächsten Elternversammlung, beim Elternstammtisch (Tipp 42) oder auf dem Sommerfest ausgesprochen werden oder alternativ bei einer besonderen Veranstaltung, auf der Ehrenamtliche eigens bedacht werden. Manchmal tut es auch schon ein Blumenstrauß. Wird das Engagement von Eltern nicht gewürdigt, sondern als selbstverständlich hingenommen, wird es beim nächsten Mal schwerfallen, genug Freiwillige zu finden.

52

Der Erfolg einer Sitzung, einer Konferenz oder einer Elternversammlung ist tatsächlich von der Wahl des richtigen Wochentags abhängig.

Für eine Vielzahl von Veranstaltungen eignen sich Termine am Montag, am Freitag oder am Wochenende eher nicht. Der Montag ist ungeeignet, weil

- bestimmte Veranstaltungen einer Vorbereitung bedürfen, die am Wochenende nicht zu realisieren ist,
- die Hinweise auf Veranstaltungen (z. B. mündliche Einladungen) vom vergangenen Freitag bis zum Montag vergessen werden könnten (Tipp 48),
- nach einem abwechslungsreichen Wochenende (Geburtstagsfeiern, Umzüge, Kurzreisen usw.) bei vielen der Wunsch besteht, am Montag wieder zur Normalität zurückzukehren. Dazu passt keine Veranstaltung „außer der Reihe".

Nie montags

❯ Tipp 48

Der Freitag ist aus folgenden Gründen auch ungeeignet:

- Viele Schulveranstaltungen basieren, was die mitwirkenden Kollegen und Eltern betrifft, auf dem Freiwilligkeitsprinzip (Tipp 51). Ihnen damit noch das Wochenende zu verderben, ist kontraproduktiv.
- Die Zielgruppe der Veranstaltung hat eventuell gar keine Lust, den Freitagabend in der Schule statt auf der Party zu verbringen.
- Aufräumarbeiten müssten bei einer Vielzahl von Veranstaltungen am Wochenende stattfinden (Tipp 69). Welcher Lehrer macht das freiwillig, welche Reinigungsfirma verlangt da nicht einen ordentlichen Zuschlag?

Nie freitags

❯ Tipp 51

❯ Tipp 69

Achtung!

Wichtige Veranstaltungen, Sitzungen und Elternversammlungen führen Sie am besten dienstags, mittwochs oder donnerstags durch. Am Abend nur, solange kein Champions League-Spiel oder UEFA Pokal-Spiel stattfindet.

Um die Ecke gedacht

Außerdem sollte man für die Wahl des richtigen Termins natürlich auch das noch bedenken: Städtische Festlichkeiten, bedeutende Jubiläen, Feiertage (auch religiöse Feiertage von Minderheiten), Ferienzeiten (auch die der Nachbarländer), Werksferien, große sportliche Ereignisse (Olympiade, Fußball-WM usw.), politische Ereignisse (z. B. Wahlen), Besuche hochrangiger Persönlichkeiten in der Stadt, periodische Veranstaltungen (Markt, Konzertreihen usw.), ähnliche Veranstaltungen anderer Schulen, die schon lange terminiert sind, usw.

ERFOLGREICH EINLADEN

53

Warum wurde ich darüber nicht informiert? Warum hat keiner mit mir gesprochen? Wer hat das entschieden? Immer wieder wissen Eltern angeblich nichts von der seit Langem angesetzten Sitzung. Das ist ärgerlich – für beide Seiten. Deshalb will die Einladung zur Elternversammlung wohl bedacht sein!

- Die Terminfrage
  Suchen Sie nach einem guten Termin, einem, an dem kein wichtiges Fußballspiel ist, kein großes Konzert und keine Veranstaltung des Kaninchenzüchtervereins. Und suchen und bestimmen Sie den Termin früh genug (Tipp 52).

❯ Tipp 52

- Die Ortsfrage
  Wenn Sie Ruhe und Material brauchen, ist vielleicht die Schule der richtige Ort. Wenn es attraktiver sein soll, vielleicht das Nebenzimmer im Restaurant. Der Ort kann entscheidend sein, ob jemand kommt oder nicht.
- Die Frage der Form
  Sicherlich kann man zunächst per schriftlichem Rundschreiben, das die Schüler mitnehmen und den Eltern geben, einladen.

Achtung!

> Viele Schüler haben mit ihren Schulranzen das perfekte Grab für Papier am Rücken. Es ist also kein Verlass darauf, dass die Eltern dieses Schreiben rechtzeitig oder überhaupt zu sehen bekommen. Am besten bitten Sie darum, dass die Eltern den Brief zur Bestätigung gegenzeichnen.

Wenn Sie per E-Mail einladen, erreichen Sie die Eltern direkter. Aber auch hier Vorsicht: Es gibt Menschen, die ihre E-Mails nur alle vier bis sechs Wochen abrufen oder Anhänge usw. nicht öffnen. Insofern macht eine Bitte um Rückantwort Sinn, dann können Sie besser planen und sehen, wer die E-Mail gelesen hat (Tipp 48).

❯ Tipp 48

- Die Frage des richtigen Zeitpunkts
  Laden Sie früh genug zur Elternversammlung ein. Sechs bis acht Wochen vorher sind eine gute Zeitspanne, um noch flexibel zu sein, und gleichzeitig liegt der Termin nicht in zu weiter Ferne. Einladungen, die nur drei bis vier Wochen vor dem Termin verschickt werden, kommen angesichts der langfristigen Planungen, die viele Familien heutzutage vornehmen, zu kurzfristig und haben wenig Aussicht auf zahlreiche Zusagen.
- Die Erinnerung
  Gerade per E-Mail können und sollten Sie kurz vor der Veranstaltung noch einmal an die Elternversammlung bzw. den Termin erinnern.
- Die Telefonoption
  Wichtige Eltern oder Meinungsträger kann man auch vorher noch einmal kurz anrufen, um nachzufragen und sicherzustellen, dass sie auch kommen.

Achtung!

> Egal welche Form und welchen Zeitpunkt Sie wählen, stellen Sie sicher, dass Ihre Einladung wirklich einladend ausfällt. Keiner will verpflichtet, genötigt oder verdonnert werden. Aber sich wirklich eingeladen zu fühlen, ist eine gute Sache.

54

Nichts ist ärgerlicher als eine Sitzung, die viel Zeit gekostet hat, bei der viele Worte durch den Raum geschwirrt sind, aber von der am Ende keiner weiß, was eigentlich besprochen wurde. Die wichtigen Entscheidungen, die der Grund für das Treffen waren, wurden jedenfalls nicht getroffen.

Eine Standardsituation, die Sie in der Schule und als Klassenleiter nicht brauchen können. Aber solche Situationen lassen sich zum Glück auch ganz einfach verhindern. Es beginnt mit der Tagesordnung. Die will gut vorbereitet, wohl bedacht und zeitlich gut geplant sein.

Einige Regeln sollten Sie dabei beachten:

Sich beschränken
- Nie zu viel auf einmal
  Auch wenn es viele Dinge zu besprechen gibt: Nach zwei Stunden ist die Konzentration am Ende, länger sollte der Elternabend auch nicht dauern. Beschränken Sie die Tagesordnung auf die Punkte, die Sie innerhalb dieser Zeit besprechen können.

Prioritäten setzen
- Das Wichtige zuerst
  Ordnen Sie die Tagesordnung nach Prioritäten. Das Wichtigste gehört an den Anfang oder zumindest in das erste Drittel der einzelnen Punkte. Unwichtige Dinge kann man zur Not auch verschieben oder am Schluss im Schnelldurchgang besprechen.

Zeitplan einhalten
- Welches Thema braucht wie viel Zeit?
  Erstellen Sie vor der Sitzung einen Zeitplan, anhand dessen Sie feststellen, ob alle Punkte innerhalb der festgelegten Zeit überhaupt besprochen werden können.

Achtung!

Behalten Sie den Zeitplan auch während der Veranstaltung im Blick, um notfalls eingreifen und abkürzen zu können (Tipp 56).

❯ Tipp 56

Über TOPs informieren
- Teilen Sie die TOPs vorher mit
  So können sich die Eltern vorbereiten, eigene Meinungen bilden bzw. Einfluss nehmen. Sicherlich werden einige auch

einfach zu Hause bleiben, wenn sie die Themen nicht interessieren. Aber besser so als zu viele einfach nur schweigsame Teilnehmer (Tipp 48, 53).

Tipp 48, 53

Um die Ecke gedacht

Eine Tagesordnung ist etwas Dynamisches. Wenn nötig, halten Sie sich strikt daran, so vermeiden Sie eine Verwässerung mit weniger wichtigen Dingen, die warten können. Aber seien Sie gleichzeitig wachsam, ob Sie die Tagesordnung während der Sitzung eventuell verlassen müssen, um einem wichigen Thema Raum zu geben.

SITZUNGSZIELE FORMULIEREN

55

Formulieren Sie in der Vorbereitung auf eine Elternversammlung auch langfristige Zielvorgaben. Es kommt nicht allein darauf an, zu klären, ob dies oder jenes noch in dieser oder der nächsten Woche erledigt werden muss. Für eine Arbeit, die über die bloßen Sachfragen hinausgeht, ist es wichtig, sich auch langfristige Ziele zu stecken.

Langfristig planen

Achtung!

Unterscheiden Sie genau zwischen kurzfristigen, mittelfristigen oder langfristigen Zielen. Ein langfristiges Ziel werden Sie nicht an einem Abend erreichen! Kurzfristige dagegen sollten Sie nicht über Monate diskutieren.

Vor der nächsten Elternversammlung sollten Sie schon eine Liste mit Zielvorgaben vor sich haben. Nämlich die, die beim letzten Mal schon definiert waren (Tipp 57). Sehen Sie sich diese Zielvorgaben genau an:

❯ Tipp 57

Zielvorgaben prüfen

- Welche Vorgaben sind noch aktuell?
- Welche Vorgaben haben sich vielleicht verändert? In welche Richtung?
- Wurden kurzfristige Ziele bereits erreicht?

ELTERNVERSAMMLUNGEN DURCHFÜHREN 83

Ergänzen Sie diese Liste:

Zielvorgaben ergänzen

- Welche neuen Zielvorgaben sind hinzugekommen?
- Welche Ziele sind konkret zu erreichen?
- Welche sind eher übergeordnet?

Verlieren Sie diese Zielvorgaben bei Ihren Planungen nie aus den Augen. Sicherlich wird nicht immer alles gleichzeitig Thema sein können (Tipp 54, 56). Aber wenn heute etwas zu kurz kommt, sollte es in der nächsten Versammlung auf jeden Fall zur Sprache gebracht werden.

❯ Tipp 54, 56

Achtung!

Manche Ziele sind schlicht unerreichbar. Macht nichts, steuern Sie trotzdem darauf zu. Wenn wir alles nicht Erreichbare gar nicht erst in Angriff nehmen würden, führte dies sehr schnell zum Stillstand.

SITZUNGSLEITUNG BESTIMMEN

56

Jede Veranstaltung, vom Elternabend bis zum Elternstammtisch, braucht eine aktive Leitung. Je nach Absprache, können sich auch mehrere Personen diese Aufgabe teilen. Nur eines ist klar: Ohne Leitung wird die Sitzung zum Albtraum. Zu den Aufgaben des Sitzungsleiters gehören:

Aufgaben der Leitung

Begrüßung und Verabschiedung
Der Sitzungsleiter legt fest, wann es losgeht, und begrüßt die Eltern. Genauso wichtig ist es, den Abend zu beschließen. Diese Aufgabe kann natürlich auch im Vorfeld delegiert werden. Außerdem sollte eingangs festgelegt werden, wer das Protokoll führt (Tipp 57).

❯ Tipp 57

Tagesordnung und Ergänzungen
Über die Tagesordnung sollte Einigkeit herrschen. Zur Not muss hier am Abend selbst noch ergänzt oder gestrichen werden (Tipp 54).

❯ Tipp 54

Zeitplan einhalten

Der Sitzungsleiter guckt auf die Uhr, prüft, ob noch genügend Zeit ist. Je nachdem, greift er abkürzend ein oder regt noch einmal die Diskussion an.

Was wird gerade besprochen?

Der Sitzungsleiter prüft, ob wirklich gerade das besprochen wird, was auf der Tagesordnung steht, oder ob sich plötzlich andere Themen eingeschlichen haben. Notfalls muss er korrigierend eingreifen.

Welche Themen schwingen zwischen den Zeilen mit?

Gerade bei schwierigen Themen kann es sein, dass auch noch andere wichtige Sachverhalte mit besprochen werden oder werden sollten. Hier muss der Sitzungsleiter besonders aufmerksam sein. Er muss spüren, welche Inhalte wichtig sind und entsprechend die Tagesordnung eventuell ergänzen oder verändern.

Kommen alle zu Wort?

Die Vielredner müssen limitiert werden und die Schweigsamen motiviert. Dazu können Runden hilfreich sein, in denen jeder kurz sagen kann, was er zu dem Thema denkt. Die Leitung muss darauf achten, dass jeder die Möglichkeit hat, seine Meinung kundzutun (Tipp 60).

❯ Tipp 60

Achtung!

Generell ist die Aufgabe der Sitzungsleitung keine einfache, aber eine sehr wichtige. Delegieren Sie sie ruhig ganz oder in Teilen, aber stellen Sie sicher, dass sich wirklich jemand für die Leitung verantwortlich fühlt und diese aktiv übernimmt, damit es am Ende nicht heißt: „Ach, ich dachte, Sie wollten das machen ..."

57

Natürlich ist es sinnvoll und hilfreich, dass bei jeder Eltern-versammlung ein Protokoll geschrieben wird. So ist im Nachhinein für jeden nachvollziehbar, worüber mit welchem Ergebnis verhandelt wurde. Dieses Protokoll sollte allen Eltern per E-Mail zugehen (Tipp 48). Hat die Klasse eine eigene Homepage (Tipp 15), kann das Protokoll hier eventuell in einem passwortgeschützten Bereich hinterlegt werden.

❯ Tipp 48
❯ Tipp 15

Achtung!

Es ist nicht automatisch Ihre Aufgabe, das Protokoll zu schreiben. Sie müssen auch nicht für den Versand des Pro-tokolls sorgen. Es wird ausreichend Eltern geben, die tech-nisch versiert genug sind, in der Elternversammlung ein Notebook aufzuklappen und einfach in Stichworten mit-zuschreiben.

Wird das Protokoll rotierend von verschiedenen Eltern ge-schrieben, ist die Last gleichmäßig verteilt. Wird diese Auf-gabe hingegen immer von derselben Person übernom-men, muss man sich nicht jedes Mal auf eine neue Form (Schreibstil, Format usw.) einstellen.

Ergebnisse festhalten

Sinnvollerweise wird ein einfaches Formular (elektronisch oder in Papierform) verwendet, sodass es jedem leichtfallen sollte, einmal Protokoll zu schreiben.

TOP	Inhalt	verantwortlich	erledigen bis
1	Klassenfahrt:		
2	Kurswahlen:		
3	Klassenkasse:		
4	...		
5	Verschiedenes:		

Beschlüsse sollten im Protokoll immer fett hervorgehoben oder unterstrichen werden. So sind sie schnell zu erkennen und wiederzufinden.

Am Beginn jeder Elternversammlung sollte kurz ein Blick auf das Protokoll der vergangenen Sitzung geworfen werden, um zu sehen, welche Beschlüsse umzusetzen waren und wie der aktuelle Stand ist. Findet diese Kontrolle nicht statt, kann man sich das Schreiben eines Protokolls fast sparen (Tipp 55, 61).

Zur Sitzungs-vorbereitung

❯ Tipp 55, 61

ELTERNVERTRETER WÄHLEN

58

Die Wahl der Elternvertreter ist von immenser Wichtigkeit, da Sie gezwungen sind, mit ihnen zusammenzuarbeiten. Im günstigsten Fall beeinflussen sie zusammen mit Ihnen die Belange der Klasse positiv, im ungünstigsten Fall können sie aber auch all Ihre Bemühungen torpedieren.

Die erste Elternversammlung mit ihrem wichtigsten Punkt, der Wahl der Elternvertreter, läuft – wenn Sie nicht gerade an einer Schule mit hochmotivierten Erziehungsberechtigten arbeiten – normalerweise so ab: Kaum haben Sie bekanntgegeben, dass man jetzt zum entsprechenden Tagesordnungspunkt gekommen sei (Tipp 54, 56), werden die Blicke gesenkt, wandern zur Zimmerdecke oder untersuchen den Inhalt der Ablage unter dem Tisch, aber so ziemlich jeder versucht, den direkten Blickkontakt mit dem aufmunternd bis flehentlich schauenden Klassenlehrer zu vermeiden.

Freiwillige?

❯ Tipp 54, 56

Wenn Sie nun versuchen, pragmatisch vorzugehen und anfangen, Druck auszuüben, indem Sie darauf hinweisen, dass man sich – falls heute keine Entscheidung fällt – nächste Woche erneut treffen muss, werden Sie sicherlich zwei Elternteile finden, die sich bereiterklären, das Amt zu übernehmen, aber diese beiden sind nicht unbedingt die geeignetsten für diese Aufgabe. Versuchen Sie daher am besten

Kandidatensuche

❯ Tipp 44

schon im Vorfeld, mögliche Kandidaten herauszufiltern, die Ihnen sympathisch und kompetent erscheinen (Tipp 44).

Um die Ecke gedacht

Da die erste Elternversammlung kurz nach Schuljahresbeginn stattfinden muss, bieten sich Ihnen nur wenige Gelegenheiten, frühzeitig auf Kandidatensuche zu gehen. Sprechen Sie daher gleich am ersten Schultag die anwesenden Eltern darauf an. Am besten fragen Sie direkt, wer bereits in der Grundschule dieses Amt ausgeübt hat.
Sie können auch in der Klasse fragen, welcher Schüler sich vorstellen kann, dass ein Elternteil dieses Amt übernehmen würde.

Die Wahl

Die eigentliche Wahl der Elternvertreter läuft in der Regel am einfachsten so ab, dass man die Kandidaten, die sich bereiterklärt haben, per Handzeichen wählen lässt.

SOS-Tipp

Für den Fall, dass jemand auf einer geheimen Abstimmung besteht, sollten Sie vorab kleine „Stimmzettel" vorbereiten.

EIGENINITIATIVE FÖRDERN

59

Innerhalb der Elternschaft steckt oft viel Potenzial, das nicht ungenutzt bleiben sollte. Warum den eigenen Lehrauftrag also unnötig ausweiten? Im Gegenteil, machen Sie sich das gesamte Elternpotenzial zunutze. Fördern Sie die Eigeninitiative der Eltern:

Auf Vorschläge eingehen

- Bevor Sie Ihre eigenen Vorstellungen zu Themen wie Klassenfahrt, Grillfest oder Museumsbesuch darstellen, fragen Sie, ob bereits Ideen und Vorstellungen vorhanden sind.

- Wenn Eltern neue Vorschläge und eigene Ansichten in die Diskussion einbringen, wehren Sie nicht gleich ab. Motivieren Sie im Gegenteil dazu, diese Ideen in die Tat umzusetzen. Greifen Sie die Ansätze auf, besprechen Sie das Grundsätzliche mit den Eltern und helfen Sie ihnen, das Vorhaben in Eigeninitiative zu realisieren. (Tipp 50, 51)

❯ Tipp 50, 51

Achtung!

Berücksichtigen Sie unbedingt, dass Eltern Dinge aus ihrer privaten Sicht beurteilen. Bringen Sie die schulischen Aspekte ein und weisen Sie, wo nötig, auch auf rechtliche Belange hin.

Verzichten Sie nicht wegen scheinbar schwieriger rechtlicher Verhältnisse von vornherein auf die Initiative der Eltern. Meistens findet sich eine Lösung. Ziehen Sie dafür auch Kollegen zurate. Vielleicht hatte einer von ihnen schon einen ähnlichen Fall.

Gleich mal ausprobieren

Laden Sie die Eltern zur ersten Versammlung ein – und motivieren Sie sie schon im Einladungsschreiben zur Eigeninitiative (Tipp 53).

❯ Tipp 53

Entwickeln Sie im Vorfeld eine Liste Ihrer Wünsche:
- Lernunterstützung
- Freizeitbeaufsichtigung
- Begleitung bei Unterrichtsgängen
- Unterstützung bei der Gestaltung des Klassengartens (Tipp 19)

❯ Tipp 19

- ...

Fordern Sie die Eltern mithilfe dieser Liste zur Unterstützung auf – und schaffen Sie so Freiräume für sich selbst, z. B. um Dinge zu tun, die die Eltern nur schwer übernehmen können.

60

Es gibt sie immer wieder, immer mehr und überall. Menschen, die einfach anders sind. Sie wissen mehr, sie haben mehr Erfahrung und sie sind immer gerne bereit, ihren reichen Erfahrungsschatz mit anderen Menschen zu teilen

> Tipp 45

(Tipp 45). Gerade auf Elternabenden oder ähnlichen Veranstaltungen begegnet man ihnen häufig.

Sie sind Lehrer, Sie haben Verständnis – schließlich kommen Sie ja auch aus der „Wir vermitteln Wissen, das die anderen noch nicht haben"-Fraktion. Aber muss das unbedingt jetzt und hier sein?

Wie geht man also am besten mit dieser besonderen Spezies Mensch um? Zwei Möglichkeiten:

Gewähren lassen

1. Passieren lassen

Versuchen Sie erst gar nicht zu widersprechen oder gar zu diskutieren. Sie werden keinen Erfolg damit haben. Ihr Gegenüber wird es immer besser wissen und immer recht behalten.

Seien Sie einfach freundlich, bedanken Sie sich höflich für den wichtigen Beitrag und erkennen Sie an, dass dieser wichtige Aspekt noch ergänzt wurde. Begrüßen Sie nett und verabschieden Sie herzlich. Bieten Sie keinerlei Angriffsfläche und geben Sie keinen Grund zur Opposition. Oft beru-

> Tipp 89

higen sich diese Menschen ganz schnell von selbst (Tipp 89).

Verbindliche Regeln

2. Reglementieren

Stellen Sie vorab für die jeweilige Art der Veranstaltung passende Regeln auf: Redezeiten, Ton und Lautstärke, Inhalt

> Tipp 56

und Ziele (Tipp 56).

Regeln, die für alle gelten, können Sie auch für alle kommunizieren, ohne jemandem damit persönlich auf die Füße zu treten. Verweisen Sie immer darauf, dass man sich auf diese oder jene Absprache geeinigt hat und sich doch bitte alle daran halten mögen.

Oft sind Menschen eher und schneller dazu bereit, allgemeine Regeln zu respektieren, anstatt sich individuell maßregeln zu lassen.

Achtung!

Nicht alle Personen lassen sich mit der einen oder anderen Methode in den Griff bekommen. Manchmal bedarf es einer Mischform oder weiterer kreativer Ideen.
Eines ist aber klar: Versuchen Sie erst gar nicht, diese speziellen Kandidaten zu erziehen oder zu verändern. Es wird nicht klappen, sondern Sie nur frustrieren – und das ist es nicht wert!

61

Elternversammlungen sind meistens anstrengend und man ist eher froh, wenn sie vorbei sind. Dabei bleibt häufig die Nachbereitung auf der Strecke. Noch am gleichen Abend fühlt man sich oft zu müde, der nächste Tag ist schon voll verplant und am Wochenende hat man auch keine Lust … Schnell hat einen der Lehreralltag wieder und der Elternabend ist vergessen.

Lassen Sie es nicht so weit kommen! Erstellen Sie – am besten noch vor Ort – eine Liste darüber, was noch zu tun ist. Auf diese Weise lassen Sie die wichtigsten Entscheidungen und Beobachtungen des Abends zeitnah noch einmal Revue passieren und sind sicher, dass nichts in Vergessenheit gerät. Die etwas ausführlichere Reflexion können Sie dann ruhig noch um ein paar Tage verschieben, die Notizen werden Ihnen helfen, alles nachzuvollziehen.

Was bleibt zu tun?

Gleich mal ausprobieren

To-do-Liste:
1. Wer muss informiert werden?
2. Was muss abgeklärt werden?
3. Wer hat das Protokoll übernommen (Tipp 57)?
4. Welche Fragen sind offen geblieben (Tipp 55)?
5. Wo sind Befindlichkeiten aufgetaucht, Schwierigkeiten, die am schwelen sind?

❯ Tipp 57
❯ Tipp 55

❯ Tipp 59

6. Welche Eltern haben sich engagiert (Tipp 59)?

7. Wer hat eher blockiert?

8. Welche neuen Themen oder Fragen sind aufgetaucht?

9. Wie war die Stimmung allgemein?

10. Was muss beim nächsten Mal besser gemacht werden?

Achtung!

Auf keinen Fall sollten Sie es zu weit hinausschieben, diese Liste auszufüllen und damit das Wichtigste schriftlich festzuhalten. Was Sie am gleichen Abend nicht notiert haben, könnte morgen schon wieder vergessen sein. Nehmen Sie sich deshalb unbedingt diese fünf Minuten direkt nach der Veranstaltung.

KLASSENFEST ODER AUSFLUG PLANEN

62

Jede Aktion, die außerhalb des Unterrichts und damit außerhalb der Routine stattfindet, muss gut geplant und vorbereitet werden. Überraschungen erlebt man trotz allem noch genug.

Ziele und Anlässe abstimmen

Klären Sie zunächst für sich selbst und mit dem Kollegium:
- Wie viele Ausflüge finden in der Regel pro Schuljahr statt?
- Welche Ausflugsziele für Exkursionen sind in Ihrer Klassenstufe normalerweise vorgesehen (z. B. Besuch bestimmter Museen oder der Landeshauptstadt) (Tipp 73)?

❯ Tipp 73

- Zu welchen Anlässen werden Klassenfeste durchgeführt (Weihnachten, Fasching, Schuljahresende)?
- Finden Ausflüge mit Erlebnischarakter zur Festigung der Klassengemeinschaft statt oder zur Erweiterung der Fachkompetenz der Schüler?

Übersichtsplan

Tragen Sie am Beginn des Schuljahres am besten in einem Übersichtskalender ein, in welchen Zeiträumen Sie welche Feste und Ausflüge mit welchen Zielen planen. So behalten

Sie den Überblick, können bereits frühzeitig planen und Eltern und Kollegen in der Klasse rechtzeitig die Termine mitteilen.

Gleich mal ausprobieren

Entwerfen Sie ein Formular, auf dem die Eckdaten eines Klassenfestes oder Ausfluges festgehalten werden können. Eine Kopie davon kann beim Schulleiter oder dem Vertretungsplaner abgegeben werden, damit diese den aktuellen Stunden- und Vertretungsplan danach ausrichten.

Idee/Thema:	
Ziel:	
mögliche Inhalte:	
Datum:	
Uhrzeit:	
Gruppe:	
Helfer:	
Materialien:	
Kosten:	
Zu bedenken:	

Um die Ecke gedacht

Auf Ausflügen und Exkursionen ist es hilfreich, sich von Eltern begleiten zu lassen. Klar, die Aufsicht und die Verantwortung liegt bei der Lehrkraft. Wer aber schon einmal den Schreck erlebt hat, als nach dem Verlassen der U-Bahn beim Durchzählen plötzlich drei Schüler fehlten, der wird diesen Tipp nachvollziehen können.

63

Nur weil drei Mal der Besuch auf dem Reiterhof mit Voltigieren und Pferdekutschenfahrt angeblich ganz gut ankam, muss es bei der nächsten Klasse nicht genauso sein.
Versuchen Sie Ihre Klasse immer neu zu entdecken und vor allem im Licht der jeweiligen Zeit zu sehen. Was vor zehn Jahren gut und spannend war, könnte heute schlicht daneben sein – zumindest aus der Sicht der Schüler (Tipp 64).

❯ Tipp 64

Gleich mal ausprobieren

Themenliste entwickeln
Welche Begabungen und Interessen kann ich in der Klasse sehen und welche Aktivitäten könnten dazu passen:

Begabungen/Interessen	Mögliche Aktivitäten

Gleichen Sie diese Liste mit Vorstellungen, Themen oder Bereichen ab, die Sie darüber hinaus für wichtig halten, und überlegen Sie, wie Sie die Schüler für diese Themen motivieren könnten.
Pflichtthemen auflisten:

Pflichtthemen	Wie Motivation erzeugen?

Aus dieser Mischung ergibt sich garantiert eine spannende Sammlung von Ereignissen und Ideen für das gesamte Schuljahr. So können Sie die Schüler von vornherein in ihren Interessen berücksichtigen – und damit sind sie dann in der Umsetzung sicher aufmerksam bei der Sache.

BOWLEN UND KINO REICHEN – NICHT!

64

Feste, Ausflüge und andere Events sind Ihre große Chance, die Klasse einmal anders zu erleben, den Klassenverband zu stärken und Schule ein wenig interessanter zu machen. Vergeben Sie diese Chance nicht mit Bowlen oder Kino (Tipp 8, 10, 13).

❯ Tipp 8, 10, 13

Klar, Bowlen und Kino machen Spaß. Aber innovativ und prickelnd sind solche Unternehmungen nicht gerade. Außerdem stellt sich die Frage, ob es zu den Aufgaben der Schule gehört, sich gemeinsam Kinofilme anzusehen. Für den einen oder anderen Film, den Sie nachher auch im Unterricht behandeln, mag das in Ordnung sein. Als Entertainmentprogramm im Schulumfeld scheint das Kino aber eher ungeeignet – und das Bowlen ebenso.

Schule braucht neue Ideen und Experimente. Schüler brauchen Abenteuer und Begeisterung, Attraktion und Aktion. Wenn die Schüler hier nicht etwas Außergewöhnliches geboten bekommen, wird das Ausflugsprogramm schnell zum Abklatsch von Unterricht – und der ist langweilig, wissen Sie doch (Tipp 84)!

Experimentierfreude

❯ Tipp 84

Gleich mal ausprobieren

Schieben Sie alle Bedenken beiseite und überlegen Sie, was Ihre Schüler wirklich „Hammer" fänden, wenn es um den Klassenausflug geht:

Etwas, wo sie noch nie waren und auch so schnell nicht hinkommen?

Etwas, das noch keiner mit ihnen gemacht hat?

Etwas, das die Schüler sich allein nicht trauen würden?

- Etwas, das die Schüler gar nicht kennen?
- Etwas, das allein nicht erlaubt ist, sondern nur in Begleitung Erwachsener?

Listen Sie alle möglichen und unmöglichen Ideen auf. Dann reduzieren Sie die Liste auf das, was wirklich realisierbar ist (Tipp 45, 46, 67).

❯ Tipp 45, 46, 67

Um die Ecke gedacht

Versuchen Sie nicht zwanghaft, selbst etwas absolut Neues zu finden. Das wird Ihnen wahrscheinlich nicht gelingen. Aber erweitern Sie Ihr Spektrum:

- Fragen Sie Kollegen.
- Suchen Sie im Internet.
- Fragen Sie in Internetforen.

Nutzen Sie jede Form der Anregung, um auf neue Ideen zu kommen. Und dabei haben Sie immer Ihre aktuelle Klasse im Kopf. Was letztes Jahr war, ist vorbei (Tipp 63)!

❯ Tipp 63

65 SCHÜLER IN DIE PLANUNGEN EINBEZIEHEN

Jeder Klassenlehrer kennt das: Ein allgemeiner Wandertag wurde angesetzt und man stellt sich die Frage: „Was mache ich diesmal mit meiner Klasse?" Halt! So ist die Frage falsch gestellt. Sie begreift den Klassenlehrer als den „Macher", der die Schüler – zur Not auch gegen ihren Willen – zu ihrem Glück zwingt. Stattdessen sollten die Schüler in die Entscheidungsfindung eingebunden und ihnen damit gleichzeitig Verantwortung für das Gelingen der Veranstaltung übertragen werden.

Mitspracherecht einräumen

Am einfachsten lässt sich dies realisieren, wenn man ab der siebten oder achten Klasse damit beginnt, die Schüler über einen Teil der Wandertage selbst bestimmen zu lassen, sie also selbst über das Ziel des Wandertages abstimmen lässt. Über die Gestaltung der restlichen Wandertage sollten Sie aber nach wie vor allein entscheiden, damit der Bildungsaspekt nicht zu kurz kommt. Denn die Schüler haben erfahrungsgemäß eher die gemeinschaftsfördernden und spaßbetonten Elemente im Blick (Tipp 62).

❯ Tipp 62
Diskutieren und
abstimmen

Wird das Ziel des Wandertages von den Schülern bestimmt, müssen die aus der Klasse kommenden Ideen von den Schülern, die sie eingebracht haben, auch konkretisiert werden (Öffnungszeiten, Eintrittspreise usw.). Anschließend sollten unter der Leitung der beiden Klassensprecher eine Diskussion und eine demokratische Abstimmung erfolgen, bei der Sie als Klassenlehrer ein gleichberechtigtes Stimmrecht besitzen!

Um die Ecke gedacht

Wenn Sie sich für die Dauer von Diskussion und anschließender Abstimmung im Klassenraum nach hinten setzen und sich gleichberechtigt in den Prozess einbringen, während vorn die gewählten Klassensprecher die Sitzung leiten, zeigt dies den Schülern, dass tatsächlich sie selbst einmal die Herren des Verfahrens im ansonsten weitgehend fremdbestimmten Schulalltag sind. Gleichzeitig können die Schüler so hautnah Demokratie erleben und gestalten.

Achtung!

Es kann passieren, dass sich mit der Zeit herausstellt, dass immer nur die Alpha-Männchen oder -Weibchen (Tipp 12) Vorschläge machen und bereits im Vorfeld Druck ausüben, um ihrem eigenen Vorschlag zum Sieg zu verhelfen. In diesem Fall müssen Sie das Problem thematisieren und mit der Gruppe über Ihren Eindruck diskutieren. Wenn dabei kein befriedigender Konsens erzielt wird, sollten Sie den Schülern erklären, warum Sie ihnen unter diesen Umständen das Mitspracherecht wieder entziehen.

❯ Tipp 12

66

Wir leben in einer Spiel- und Spaßgesellschaft. Hauptsache fun – alles andere ist Nebensache. Klar wird die Luft dünner, Immobilien- und Finanzkrisen zeigen deutlich, dass die guten Zeiten bald zu Ende sein könnten. Deshalb ist persönliches Engagement umso wichtiger, aber längst nicht mehr normal. Selbst Gruppenstunden bei den Pfadfindern oder dem Jugendrotkreuz drehen sich immer mehr um das eigene Vergnügen und weniger um das soziale Engagement.

Nun ist gegen Spaß ja nichts zu sagen! Aber wenn man das Vergnügen mit einem besonderen Engagement verbindet, macht das Feiern garantiert noch mehr Spaß:

An andere denken
- 50 Cent jeweils zugunsten von …
- Andere Kinder, Erwachsene oder ältere Menschen einladen, die sonst nichts zu feiern haben …
- Eine besondere Einrichtung besuchen und mithelfen, etwas zu bauen oder zu reparieren … und danach wird gefeiert – vielleicht sogar gemeinsam.

Achtung!

Geld, das bei einem Fest wohl eher die Erwachsenen bezahlen, lässt sich einfach und locker spenden. Es geht aber darum, dass die Schüler eine spürbare Verbindung zwischen dem Engagement und dem Feiern erleben.

Binden Sie die Schüler deshalb unbedingt konkret ein, auch wenn es um eine Geldspende geht. Vielleicht legen die Schüler ja einen Teil vom Taschengeld dazu o. Ä.

Gleich mal ausprobieren

Welche möglichen Verknüpfungen zwischen dem Klassenfest und einem sozialen Engagement fallen Ihnen ein:
- Spenden für …
- Einladen von …
- Besuchen von …

Es geht hier nicht um sensationelle Ideen. Gerade das Engagement im Kleinen hat es oft in sich.

67

Tolle Ideen und außergewöhnliche Ausflüge kosten immer auch Geld. Je attraktiver die Idee, desto schneller ist man geneigt, angesichts der Kosten zu sagen: Nun, das ist eine Menge Geld, aber es ist ja auch etwas ganz Besonderes. Nichts ist allerdings schlimmer für ein Kind, als in der Klasse sagen zu müssen: „Ich kann da nicht mitfahren, meinen Eltern ist das zu teuer, wir haben nicht so viel Geld." Ersparen Sie Ihren Schülern diese Situationen, und klären Sie die Finanzierung vorher ab.

Lassen Sie sich bei einer außergewöhnlichen Idee zunächst nicht von erhöhten Kosten beeindrucken. Überlegen Sie lieber, ob sie sich nicht trotzdem finanzieren lässt, bevor Sie sie gleich wieder verwerfen.
Besondere Aktionen erfordern besondere Maßnahmen. Wenn die Kosten zu hoch sind, prüfen Sie

- die Möglichkeiten einer Bezuschussung durch die Schule,
- die staatlichen Möglichkeiten von Kostenerstattungen,
- die Option, bei Eltern um Spenden zu bitten,
- die Klassenkasse zu Hilfe zu nehmen (Tipp 46),
- die Chancen, bei Eintritt, Fahrtkosten usw. Sonderkonditionen zu bekommen.

Finanzierungs-
möglichkeiten

❯ Tipp 46

Um die Ecke gedacht

Eine weitere Möglichkeit besteht darin, die Schüler konkret mit einzubinden (Tipp 65). Wenn sie unbedingt auf diese besondere Fahrt gehen wollen, überlegen Sie zusammen mit ihnen, wie man die fehlenden z.B. 150 EUR gemeinsam aufbringen könnte.
Wenn Sie Ihr Anliegen plausibel vertreten können, werden Sie immer Menschen finden, die Sie unterstützen.

❯ Tipp 65

68

Wollen Sie einmal richtig Schwung in die Elternversammlung bringen? Dann schlagen Sie einfach vor, das Sommerfest dieses Jahr einmal ohne Alkohol durchzuführen.

Es ist unglaublich, wie das Feiern von Festen mit dem Konsum von Alkohol verbunden wird. Eltern kommen mit den abstrusesten Argumenten, warum ein Fest ohne Alkohol kein Fest ist. Sie werden zu hören bekommen, dass dann keiner käme, man nicht richtig feiern könne, Bier doch kein Alkohol sei und jeder schließlich selber wissen müsse, was er tut.

Promille = Spaß?

Achtung!

Bevor Sie einen solchen Vorschlag machen, sollten Sie sich hundertprozentig sicher sein, dass Sie das auch wollen. Die Diskussionen werden ausufern, und Sie werden komische Dinge zu hören bekommen. Sind Sie gewappnet (Tipp 60)?

❯ Tipp 60

Es ist natürlich Quatsch, jedes Fest funktioniert auch ohne Alkohol, man kann genauso gut feiern, und wer nur wegen Bier oder Wein auf ein Fest kommt, der kann vielleicht auch getrost zu Hause bleiben.

Frage der Gewohnheit

Es geht schlicht um die Vorbildfunktion. Wenn Kinder lernen, dass Feste immer mit Alkohol in Verbindung stehen, dann können sie sich selbst eine Feier ohne Alkohol gar nicht vorstellen. Wenn die Schüler dagegen schon in ihrer Jugend rauschende Feste auch ohne Alkohol gefeiert haben, können sie dies sicher auch in ihrem späteren Leben ohne Probleme.

Vorbild sein

Gerade beim Thema Suchtmittel – und dazu gehört Alkohol – müssen Eltern und Lehrer klar als Vorbilder identifizierbar sein. Feste und Ausflüge sind deshalb eine gute Möglichkeit, mit gutem Beispiel voranzugehen und den Schülern zu beweisen, dass Feiern und Spaßhaben auch ohne Alkohol funktionieren.

Um die Ecke gedacht

Machen Sie kein generelles Thema daraus. Im Gegenteil, starten Sie ein alkoholfreies Fest als Experiment oder eben etwas Besonderes. Im nächsten Jahr können Sie darauf Bezug nehmen und fragen, ob man es wieder so handhaben möchte. Wenn es ein tolles Fest war, sollte dem nichts im Wege stehen.

Unterstützung und Informationen zum Thema Alkohol bekommen Sie zum Beispiel im Internet auf der Homepage der Bundeszentrale für gesundheitliche Aufklärung (BzgA) oder ebenfalls online bei der Deutschen Hauptstelle für Suchtfragen (DHS).

AM ENDE NICHT ALLEIN DASTEHEN

69

Ein immer wieder zu beobachtendes Phänomen: Das Schulfest oder der Flohmarkt sind wunderbar verlaufen, alle sind zufrieden, die Veranstaltung neigt sich dem Ende zu und plötzlich stehen Sie mit einigen wenigen Schülern und (hoffentlich) Eltern allein da (Tipp 62). Inmitten eines Haufens von Müll und wieder wegzuräumender Utensilien, von der Endreinigung einmal ganz abgesehen.

❯ Tipp 62

Ein solches Ärgernis ist ebenso unnötig wie leicht vermeidbar, indem Sie schon im Vorfeld den Ablauf des gesamten Festes inklusive Abbau zeitlich gliedern und die Schüler sich den einzelnen Zeitphasen selbst zuordnen lassen.

Dienstplan

Gleich mal ausprobieren

Stellen Sie mit den Schülern gemeinsam im Unterricht einen konkreten und für alle verbindlichen Einsatzplan auf, in dem die Einsatzzeiten jedes Schülers exakt festgehalten werden. Achten Sie dabei darauf, dass Sie zum Ende hin eine strategische Reserve an „Personal" einplanen, da die Motivation der Schüler im Allgemeinen im Verlauf der Veranstaltung nachlässt.

70

Jede Lehrkraft muss in der Lage sein, Erste Hilfe leisten zu können. Bei Unfällen im Schulgebäude können Sie im Notfall immer noch einen Kollegen dazuholen, bei einer Wanderung durch das Gebirge oder einen tiefen Wald sind Sie dagegen meist auf sich allein gestellt. Deshalb sollte jede Lehrkraft zunächst einen Grundlehrgang absolvieren und später Auffrischungslehrgänge besuchen.

Kenntnisse auffrischen

Da Sie mit dieser Verpflichtung nicht allein dastehen, ist es sinnvoll, regelmäßig einen Kurs für alle Lehrkräfte der Schule zu organisieren. Das ist für viele eine Erleichterung und macht in der Gruppe mit den Kollegen viel mehr Spaß als an einem Wochenende irgendwo in der nächsten Stadt mit lauter Fremden.

Um die Ecke gedacht

Nicht um einer Pflicht genüge zu tun, sollte regelmäßig ein Lehrgang in Erster Hilfe besucht werden, sondern um tatsächlich für den eintretenden Notfall gut vorbereitet zu sein. Die medizinischen Erkenntnisse ändern sich ständig, sodass die „stabile Seitenlage", die Sie vor 15 Jahren für den Führerschein gelernt haben (und bestimmt nicht mehr beherrschen), heute ganz anders funktioniert.

In der Regel werden die Kosten für den Erste-Hilfe-Lehrgang von der im Bundesland zuständigen Unfallkasse (zumindest anteilig) übernommen. Die Anbieter dieser Lehrgänge wissen über die Finanzierung und Abrechnung am besten Bescheid.

Angeboten werden Erste-Hilfe-Lehrgänge unter anderem von den regionalen Verbänden folgender Institutionen:

Kursanbieter

- Deutsches Rotes Kreuz
- Arbeiter-Samariter-Bund
- Johanniter-Unfall-Hilfe
- Malteser Hilfsdienst
- Deutsche Lebens-Rettungs-Gesellschaft

SOS-Tipp

Für Ausflüge und Klassenreisen bieten die Hersteller von Verbandmaterial spezielle Taschen und Rucksäcke mit Materialien, die in diesen Fällen besonders häufig bzw. dringend benötigt werden.

MEINUNGEN ZUR KLASSENFAHRT EINHOLEN

Befragen Sie Ihre Schüler zur Vorbereitung der Klassenfahrt und finden Sie so heraus, welche Einstellung Ihre Schüler zu einer Klassenfahrt haben.

71

Frage	Meine Antwort
Warum machen wir Deiner Meinung nach eine Klassenfahrt?	
Was ist das Wichtigste an der Klassenfahrt für Dich?	
Was ist Dir eher unwichtig an der Klassenfahrt?	
Was möchtest Du tagsüber gerne machen?	
Was möchtest Du an den Abenden machen?	
Was möchtest Du am liebsten gar nicht machen?	

Frage	Meine Antwort
Wo könntest Du Dir vorstellen, mitzuhelfen?	
In welche Region/ welches Land würdest Du gerne fahren?	
Äußere eine Vermutung, was eine Klassenfahrt Deiner Meinung nach insgesamt je Schüler kosten würde.	

BEI DER WAHL DES ZIELORTES BEACHTEN

72

Der Erfolg einer Klassenreise ist abhängig von der Wahl des Zielortes. Die Zahl der Alternativen wird dabei durch die Zielsetzung der Fahrt eingeschränkt. Ob es z. B. eine Bildungsfahrt werden soll, eine Sprachreise, eine sportlich ambitionierte oder eine spezielle Fahrt zur Verbesserung der Gruppendynamik (Tipp 62). Aber unabhängig davon gibt es einige grundsätzliche Aspekte, die man bei jeder Art von Klassenfahrt im Auge behalten sollte.

> Tipp 62

Entfernung

> Tipp 67

> Tipp 74

1. Die Entfernung zur Schule ist in zweierlei Hinsicht von Bedeutung. Einmal entscheidet sie natürlich zu einem erheblichen Teil über die Höhe der Fahrtkosten (Tipp 67), und zum anderen hat ein Zielort, der in der Nähe der Schule, bzw. zumindest nicht im Ausland liegt, den Vorteil, dass Sie Schüler, die wiederholt gegen die Fahrtregeln verstoßen haben, relativ problemlos nach Hause schicken können (Tipp 74).

2. Wenn Sie eine eher entspannte Fahrt wollen, bei der die Klasse im Wesentlichen gezwungen ist, sich auf sich selbst zu konzentrieren, sollten Sie ein Ziel wählen, bei dem Sie sicher sein können, dass keine weiteren Jugendgruppen

vor Ort sind. Dies erleichtert Ihre Arbeit normalerweise enorm, da die sonst mit an Sicherheit grenzender Wahrscheinlichkeit auftretenden Gruppenrivalitäten und wechselseitigen Annäherungsversuche unterbleiben, die für ziemlich viel Stress sorgen können.

Um die Ecke gedacht

Ist man die einzige Klasse vor Ort, müssen Sie sich auch nicht mit Kollegen herumärgern, die ihre Klasse (z. B. in der Frage der Nachtruhe) nicht im Griff haben, oder generell ein völlig anderes erzieherisches Konzept verfolgen als Sie selbst.

3. Von großer praktischer Bedeutung ist auch die konkrete Lage der Zimmer vor Ort. Denn sie bestimmt darüber, wie einfach oder kompliziert die Kontrolle der Nachtruhe für Sie werden wird (Tipp 82, 83). Sind beispielsweise alle Zimmer auf einer Etage? Sind die Lehrer im selben Gebäude untergebracht usw.?

Lage der Zimmer

❯ Tipp 82, 83

4. Letztlich ist auch die Frage interessant, wie nah Ihr Quartier an für die Schüler interessanten Zerstreuungs- oder Beschaffungsmöglichkeiten (Supermärkte, McDonald's, Kneipen usw.) liegt. Diese können sowohl negative als auch positive Effekte hervorrufen.

Umgebung

SOS-Tipp

Für „Berufsanfänger" ist die erste Klassenfahrt eine verdammt aufregende Sache und oft auch ein wenig angstbesetzt. Aber Sie müssen ja nicht bei null anfangen. Es empfiehlt sich immer, von den Erfahrungen der älteren Kollegen zu profitieren. Also erkundigen Sie sich einfach, welche Örtlichkeiten sich bewährt haben.

73

Eltern haben bisweilen die Vorstellung, eine Klassenfahrt wäre eine Art Urlaub für die begleitenden Lehrer. Deutlich wird dies beispielsweise, wenn sie einem bei Abfahrt des Busses schöne Ferien wünschen. Dass dem nicht so ist, wird jeder bestätigen können, der schon einmal eine solche Fahrt durchgeführt hat. Eine Klassenfahrt bedeutet 24 Stunden Dienst und Aufsichtspflicht, jede Menge Organisation, Listen führen, Dokumente einsammeln, Geld einfordern und in der Regel auch Schlafentzug.

24 Stunden im Dienst

Der oben erwähnten elterlichen Fehleinschätzung geht auf dem vorbereitenden Elternabend (Tipp 74, 76) teilweise schon die Annahme voraus, Sie seien eine Art Reisebüro und man könne frei über mögliche Ziele diskutieren oder gar darüber abstimmen. Diesem Irrglauben sollten Sie von Anfang an klar und konsequent entgegentreten. Erläutern Sie den Eltern, dass Sie mit der von Ihnen vorgeschlagenen Klassenfahrt ganz konkrete pädagogische Ziele verfolgen, die sich am besten an dem von Ihnen vorgeschlagenen Zielort verwirklichen lassen, welcher daher alternativlos ist. Machen Sie den Eltern also deutlich, dass es diese Fahrt geben wird oder gar keine.

❯ Tipp 74, 76

Eigene Interessen durchsetzen

Achtung!

Geben Sie auf dem Elternabend eine Mindestanzahl von Schülern an, die mitfahren müssen, damit die Fahrt aus Ihrer Sicht überhaupt Sinn macht. Sollte dieses Quorum nicht erreicht werden, blasen Sie das Ganze ab. Lassen Sie zusätzlich ein vorbereitetes Schreiben verteilen, in dem die Eltern sich innerhalb einer Woche schriftlich verbindlich dazu verpflichten müssen, dass ihr Kind an der Reise teilnimmt und sie die vereinbarte Summe bis zu dem im Schreiben angegebenen Termin überweisen (Tipp 67).

❯ Tipp 67

74

Häufig wird von Kollegen behauptet, auf einer Klassenfahrt stehe man ständig mit einem Bein im Gefängnis. Das ist sicher stark übertrieben. Aber zu Ihrer eigenen Sicherheit und rechtlichen Absicherung sollten Sie bereits im Vorfeld einer Klassenreise einige wichtige Dinge beachten. Denn Sie haben nicht nur für alle Schüler während der gesamten Fahrt (außer bei individuell gewährter Freizeit) die Aufsichtspflicht, sondern Sie gehen auch Verpflichtungen als „Reiseveranstalter" gegenüber den Eltern und Ihren Vertragspartnern vor Ort (Busunternehmen, Jugendherberge, Hotel) ein.

Das wichtigste Instrument zur Absicherung ist die vorab von den Eltern schriftlich abzugebende Verpflichtungserklärung. Sicherlich sind in Ihrer Schule Vorlagen dazu vorhanden, die bereits von anderen Lehrern benutzt worden sind. Achten Sie auf jeden Fall darauf, dass die folgenden sechs Punkte enthalten sind:

Verpflichtungs-erklärung

1. Die verbindliche Erklärung, dass der Schüler tatsächlich an der Fahrt teilnimmt.

Teilnahme-bestätigung

Achtung!

Dieser Punkt ist notwendig, weil Sie für eine bestimmte Anzahl von Personen verbindlich buchen. Fällt diese Zahl letztlich geringer aus als vereinbart, müssen Sie sich auf Stornogebühren oder Regressforderungen einstellen. Sie sollten daher entweder gleich für die gesamte Gruppe eine Reisekostenrücktrittsversicherung abschließen oder die Eltern schriftlich auf die Möglichkeit hinweisen, zum eigenen Schutz eine solche individuell abzuschließen. Es gibt für diesen Zweck (spezielle) Versicherungen, die auch eintreten, wenn Schüler z.B. aus disziplinarischen Gründen nicht teilnehmen dürfen.

2. Die Verpflichtung, die Fahrtkosten bis zum vereinbarten Termin auf das Klassenfahrtskonto einzuzahlen.

Zahlungsfrist

Achtung!

> Es empfiehlt sich, die Zahlungsfrist für die Eltern sehr viel früher zu legen als eigentlich notwendig. Nicht um Zinsen zu kassieren, sondern weil es erfahrungsgemäß immer Eltern gibt, die den Zahlungstermin nicht einhalten.

Ohne Aufsicht

3. Das Einverständnis damit, dass die Schüler in angemessenem Maß auch individuell Zeit verbringen dürfen (immer mindestens zu dritt!) und dabei natürlich nicht beaufsichtigt werden.

Gruppen-
aktivitäten

4. Die Erlaubnis dafür, dass das Kind an allen Gruppenaktivitäten teilnehmen darf, auch am Schwimmen.

▶ Tipp 76, 82

5. Die Versicherung, dass sich das Kind an die besprochenen Regeln halten wird (Tipp 76, 82).

Vorzeitige
Heimreise

6. Die Verpflichtung, falls der Schüler wiederholt grob gegen die vereinbarten Regeln verstoßen sollte, die Kosten der vorzeitigen Rückreise zu übernehmen.

Achtung!

> Die im letzten Punkt beschriebene Drohkulisse ist psychologisch wichtig, aber rechtlich heikel. Eine vorzeitige Rückführung von Schülern ist – speziell aus dem Ausland – ein sehr schwieriges Unterfangen. Dies sollten Sie beachten, wenn Sie diese Möglichkeit in Betracht ziehen.

KLASSENFAHRT ALS DRUCKMITTEL BENUTZEN?

75

Wie bitte? Die Klassenreise als Druckmittel einsetzen, Druck als pädagogisches Instrument? Wie soll das funktionieren und überhaupt, darf man das?

Fahrt als
Belohnung

Ja! Unter bestimmten Umständen ist es nicht nur möglich, sondern nach unserer Erfahrung auch vertretbar und sinnvoll, eine bevorstehende Klassenfahrt als Druckmittel zu benutzen. Auch wenn es sich dabei dann um eine der, eher verpönten, extrinsischen Motivationen handeln dürfte.

Eine solche Reise findet schließlich nicht losgelöst vom schulischen Kontext statt, sondern wird von vielen Pädagogen und auch Eltern als eine Art Belohnung für erfolgreich abgelaufene Lernprozesse, vor allem im sozialen Bereich, angesehen. Sie selbst überlegen sich sicher im Vorfeld der Fahrt: „Ist das eine Gruppe, mit der ich fahren kann und fahren möchte?" Ihre Entscheidung dürfte dabei zu einem nicht unerheblichen Teil davon abhängig sein, wie die Schüler intern miteinander umgehen (Tipp 12) und wie sie sich, z. B. auf Wandertagen, nach außen präsentieren.

❯ Tipp 12

Es ist in diesem Zusammenhang absolut sinnvoll, die eigenen Kriterien bezüglich der Entscheidung pro oder contra Klassenfahrt auch den Schülern transparent zu machen. Machen Sie der Klasse klar, dass eine solche Fahrt nur stattfinden wird, wenn bestimmte Mindeststandards, im Umgang miteinander und bezüglich der Wirkung nach außen, eingehalten werden (Tipp 28, 78).

Bedingungen
stellen

❯ Tipp 28, 78

Achtung!

> Was Sie tunlichst unterlassen sollten, ist der Versuch, das Damoklesschwert der Absage oder des Nichtstattfindens der Reise permanent über den Schülern schweben zu lassen. Dieses Schwert würde sehr schnell stumpf werden und wäre dann eher Ausdruck einer gewissen Hilflosigkeit Ihrerseits.

GEBRAUCH VON HANDYS EINSCHRÄNKEN

76

Während man vor 20 Jahren den Busfahrer noch bitten musste, für die Klasse eine bestimmte Musikkassette einzulegen, hat heute jeder Schüler seine eigene mediale Ausstattung dabei, die es ihm gestattet, Musik zu hören, Filme zu sehen, Fotos zu machen oder Spiele zu spielen. Das Problem besteht dabei darin, dass diese individuelle Nutzung der elektronischen Medien einem Hauptziel von Klassenfahrten entgegensteht. Auf der gemeinsamen Reise soll man zusammen als Gruppe neue Erfahrungen machen und Eindrücke sammeln. Die Schüler müssen und sollen sich auf die konkrete Situation und ihre Mitschüler einlassen. Haben sie aber ihr Smartphone oder Ähnliches zur Hand, können sie sich jederzeit aus der aktuellen Situation ausklinken. Sie müssen sich nicht mit der neuen Umgebung, der Gruppe und der Gesamtsituation auseinandersetzen, sondern können praktisch permanent kleine Fluchten begehen, indem sie z. B. mit dem Freund zu Hause telefonieren oder irgendein Rollenspiel spielen.

Gemeinsames Erleben

Ganz praktisch haben Sie als Lehrer auch das Problem, dass Sie, wenn Sie etwas ansagen wollen, erst einmal warten müssen, bis alle ihre Kopfhörer abgenommen haben. Außerdem gibt es bei der beliebten Kontrolle der Nachtruhe keine „Chancengleichheit" mehr (Tipp 82). Denn wenn Sie das erste Zimmer gerade verlassen haben, um das zweite zu kontrollieren, geht bereits eine Warnung per SMS raus. Was also tun?

❯ Tipp 82

Komplettverbot unmöglich

Ein komplettes Verbot von Handys und anderen elektronischen Geräten ist inzwischen kaum noch durchsetzbar. Schon allein deshalb, weil viele Schüler gar keine Armbanduhren oder Wecker mehr besitzen, die sie benötigen, um z. B. rechtzeitig am vereinbarten Treffpunkt zu erscheinen, sondern diese Funktionen über ihr Handy abrufen.

Benutzung reglementieren

Auf jeden Fall sollten Sie auf dem vorbereitenden Elternabend Ihre Bedenken hinsichtlich der Mitnahme elektronischer Geräte kundtun. Sie können zwar viel zustimmendes Kopfnicken erwarten, aber ganz sicher auch einige Eltern, die darauf bestehen, dass ihr Kind sein Handy mitnehmen darf, um erreichbar zu sein oder im Notfall anrufen zu können. Beschreiten Sie daher den goldenen Mittelweg, indem Sie Handys und andere Geräte zwar zulassen, ihren Gebrauch aber konsequent strikten Regeln unterwerfen. Auf keinen Fall sollten Sie die Geräte bei gemeinsamen Aktivitäten zulassen!

Achtung!

> Wenn Sie sich dazu entschließen, die Handys einzusammeln und nur zu ganz bestimmten Zeiten wieder an die Schüler auszugeben, haben Sie zum einen das Problem, dass Sie eine große Menge an Wertgegenständen sicher verwahren müssen, und zum anderen bedeutet das Einsammeln und wieder Ausgeben einen immens hohen organisatorischen und zeitlichen Aufwand, der oft nur bedingt in einem vernünftigen Verhältnis zum Nutzen dieser Maßnahme steht.

GRUPPENBILDUNG SIMULIEREN

77

Klassenfahrt – endlich mal eine andere Situation als im Klassenraum zu sitzen. Hier verschmelzen Schule und Freizeit, hier kommen Dinge an den Tag, die man in der Klasse so nicht erlebt. Automatisch werden Gruppen gebildet: Beim Essen an den Tischen, bei der Frage, wer geht mit wem in ein Zimmer, beim Auffordern zum Mitspielen bei Fußball, Tischtennis oder Federball.

Einige Schüler sind immer mittendrin, andere immer außen vor (Tipp 78). Beobachten Sie ganz genau – am besten schon im Vorfeld – welche Gruppen in Ihrer Klasse existieren (Tipp 6, 8, 12). Und überlegen Sie, ob diese Gruppen für die Klassenfahrt so funktionieren oder eher störend sein könnten.

Ihr Ziel sollte es sein, dass Sie bereits vor der Klassenfahrt in einer Art Planspiel Situationen durchspielen, um frühzeitig über mögliche Reaktionen oder Bewältigungsstategien nachzudenken.

❭ Tipp 78

❭ Tipp 6, 8, 12

Planspiel

Gleich mal ausprobieren

Teilen Sie Ihre Klasse vor der Klassenfahrt theoretisch zur eigenen Vorbereitung nach den verschiedenen Modellen ein und gehen Sie jeweils von Sechsergruppen aus:

1. Das „Jeder ist gut versorgt"-Modell

Versuchen Sie die Gruppen so aufzuteilen, dass jeder zu seinem Recht kommt, niemand untergebuttert wird und keine offensichtlichen Vor- oder Nachteile entstehen. Ist die Gruppe wirklich ausgeglichen?

2. Das „Die Starken und die Schwachen"-Modell

Bilden Sie bewusst Gruppen mit ausschließlich eher schwächeren, Gruppen mit „halbstarken" und Gruppen mit starken Schülern. Im Nu werden sich innerhalb der Gruppen Unterschiede herausbilden, aber eben nicht so stark.

3. Das „Polarisations"-Model

Jeder Gruppe sollten ein sehr starker Schüler, ein sehr schwacher Schüler und jeweils vier ausgewogene Schüler angehören. Können die Schüler im Mittelfeld die Extremen integrieren?

Es mag noch andere Modelle für mögliche Gruppierungen geben, probieren Sie sie aus.

❯ Tipp 79

Sie können die Modelle in verschiedenen Bereichen anwenden. Modell eins bei der Zimmeraufteilung (Tipp 79), Modell zwei bei den Tischgruppen und Modell drei z. B. beim Geländespiel.

AUßENSEITER INTEGRIEREN

78

Auf Klassenfahrten besteht die gute Chance, Außenseiter besser in die Klassengemeinschaft zu integrieren, aber immer auch die Gefahr, ihre Rolle am Rand der Klassen zu zementieren.

Achtung!

Vertrauen Sie nicht darauf, dass sich Außenseiter auf Klassenfahrten, in besonderen Klassensituationen also, automatisch integrieren oder von selbst integriert werden. Das kann in seltenen Fällen passieren, ist aber eher die Ausnahme.

Was also tun?

1. Thematisieren Sie mit der ganzen Klasse bereits vor der Klassenfahrt die Klassensituation (Tipp 12) und bringen Sie Ihre persönliche Erwartung, dass sich die Situation der Außenseiter auf der Klassenfahrt positiv verändert, vor den Schülern zum Ausdruck.

Problem thematisieren
❭ Tipp 12

2. Machen Sie den Schülern deutlich, dass die Situation des Außenseiters für den Außenseiter selbst meist keine zufriedenstellende Situation ist.

3. Erklären Sie den Schülern, dass es keinen alleinigen Verantwortlichen für die Situation gibt. Meist behauptet nämlich die Gruppe: „Der Außenseiter will sich gar nicht integrieren." Während der Betroffene der Meinung ist: „Die anderen geben mir nicht die Chance, Teil der Gruppe zu werden." Wahrscheinlich ist jedoch, dass beide Seiten für die jetzige Situation verantwortlich sind.

4. Überlegen Sie gemeinsam, wenn Verständnis bei der Gruppe vorhanden ist, welche Chancen und Möglichkeiten eine Klassenfahrt dem Betroffenen bietet, sich zu integrieren.

Lösungswege

5. Während der Klassenfahrt gibt es für niemanden eine Ausnahme. Niemand darf mit dem Hinweis auf seine Rolle eine Extrawurst bekommen. „Die anderen lassen mich sowieso nicht mitspielen. Darf ich deshalb während des Tischtennis-Turniers auf dem Zimmer bleiben?" Die ganz klare Antwort darauf lautet: „Nein!"

6. Auf Klassenfahrten gibt es immer wieder Situationen, in denen Schüler für bestimmte Aufgaben verantwortlich sind (Tipp 81). Auch der Außenseiter sollte Verantwortung übernehmen. Nur nicht für die ungeliebte Aufgabe, den Küchendienst einzuteilen.

❭ Tipp 81

7. Sprechen Sie mit dem Außenseiter allein. Wie könnte er sich einbringen, um seine Situation zu verändern? Wo könnte er Verantwortung übernehmen? Nutzen Sie die Stärken, die der Außenseiter hat, für die Gemeinschaft.

Persönliches Gespräch

79

Ein heikler Punkt bei jeder Fahrt ist die Ankunft mit der anschließenden Verteilung der Zimmer. Hier reicht das Spektrum der Möglichkeiten von ruhig und entspannt bis zu komplettem Chaos und Tränen. Letzteres erlebt man beispielsweise, wenn man nach einer langen Anreise spät abends eintrifft und dann erst versucht, die Zimmereinteilung vorzunehmen.

Vorher festlegen Für Ihre Schüler ist die Zimmereinteilung bereits im Vorfeld der Fahrt ein ganz entscheidendes Thema. Daher ist es auch in Ihrem eigenen Interesse, wenn Sie dieses bereits vor dem Beginn der Klassenfahrt so weit wie möglich geklärt haben.

Gleich mal ausprobieren

Im Allgemeinen empfiehlt es sich, die Schüler selbst eine vorläufige Einteilung vornehmen zu lassen, um Ruhe in die Sache zu bringen. Besorgen Sie sich dazu am besten einen Belegungsplan vom Reiseveranstalter, aus dem hervorgeht, wie viele Zimmer mit wie vielen Betten zur Verfügung stehen. Legen Sie außerdem unbedingt die Rahmenbedingungen für die Einteilung der Zimmer fest: Geschlechtertrennung, niemand darf am Ende übrigbleiben (Tipp 78) usw.

❯ Tipp 78

Achtung!

Machen Sie der Klasse von Beginn an klar, dass es unter Umständen notwendig sein wird, die Einteilung vor Ort noch einmal zu verändern, da die Zimmer erfahrungsgemäß nur selten in der vorher angekündigten Form zur Verfügung stehen. Verzichten Sie darauf, können Sie davon ausgehen, dass sich der geballte Frust der Schüler über Ihnen entladen wird.

80

Was machen die Schüler am liebsten? Chillen! Oft ein Dorn in den Augen der Eltern und Lehrer. Beim Rumhängen lernt man nichts, kommt nur auf dumme Gedanken und schlägt die Zeit tot. Stopp! Eigentlich sind dies ganz wichtige Momente, in denen sich Gruppendynamik entwickelt und die Schüler selbst erfahren und lernen, mit Zeit gut und kreativ umzugehen.

Mit Zeit umgehen

Auch Schüler brauchen Auszeiten: Zum Verdauen nach dem Essen, zum Ausruhen nach der Wanderung, zum Kontaktaufnehmen mit dem anderen Geschlecht, zum Reden, um sich aufzuplustern und Luft abzulassen.

Planen Sie diese Auszeiten von vornherein in den Ablauf der Klassenfahrt ein – großzügig. Klassenfahrt heißt nicht „Eventmarathon" oder „freizeitkaschierte Lernintensivstation". Klassenfahrt bedeutet, einige Tage gemeinsam zu verbringen und zusammen zu leben – mit allem was dazugehört.

Wenn Ihre Schüler genug Zeit zum Chillen haben, werden sie auch gerne und motiviert am Tagesprogramm teilnehmen und sich beteiligen (Tipp 71, 84).

❯ Tipp 71, 84

Gleich mal ausprobieren

Entwerfen Sie einen groben Tagesablauf für die Klassenfahrt. Setzen Sie hier verträgliche Zeiten an und legen Sie fest, welche Einheit wie lange dauert. Nun ergänzen Sie die Auszeit-Module:

1. Nach jedem Essen: 15 bis 30 Minuten
2. Nach anstrengenden Einheiten: 30 bis 60 Minuten
3. Nach entspannenden Einheiten: 15 Minuten
4. Nach Lerneinheiten: 30 Minuten
5. Nach dem Tagesprogramm: 60 Minuten vor der Nachtruhe (Tipp 83)

❯ Tipp 83

In der Durchführung sollten Sie auf jeden Fall auf die strikte Einhaltung dieser Auszeiten-Planung achten. Verschieben oder kürzen Sie lieber Programmpunkte, bevor Sie sich an die Auszeiten machen.

81

Während einer Klassenfahrt fallen eine Vielzahl von unterschiedlichen organisatorischen Aufgaben an. Sie müssen die Schüler immer wieder zählen, Preise und Öffnungszeiten in Erfahrung bringen, Fahrmöglichkeiten und Verbindungen klären, Lebensmittel einkaufen, eine Rallye oder ein Quiz ausarbeiten und vieles mehr. Wenn Sie versuchen, alle diese kleinen Aufgaben selbst zu erledigen, verbrauchen Sie unglaublich viel Zeit und Energie.

Entlastung
Versuchen Sie stattdessen loszulassen und immer mehr organisatorische Dinge an verantwortungsbewusste Schüler zu delegieren. Achten Sie dabei darauf, dass es nicht immer dieselben Schüler sind, sondern streuen Sie die Aufgaben

❯ Tipp 65
(Tipp 65).

Verantwortung teilen
Auf diese Weise entlasten Sie sich selbst und – was noch sehr viel wichtiger ist – Ihre Schüler lernen, Verantwortung zu übernehmen. Sie werden so zu einem Teil des Organisationsteams und empfinden die Fahrt wirklich auch als ihre. Die Schüler erleben sich als Subjekte mit Einfluss und eventuell sogar eigenen Gestaltungsmöglichkeiten, statt als Objekte, die nur passiv konsumieren, was man ihnen vorsetzt. Ein kleiner, aber nicht zu unterschätzender Nebeneffekt besteht darin, dass Sie, falls etwas nicht klappt, nicht allein schuld sind. Die Schüler erfahren auf diese Weise, dass, genau wie im Unterricht, eine Aufgabe nur dann erfolgreich bewältigt werden kann, wenn beide Seiten Verantwortung für den Prozess übernehmen.

SOS-Tipp

Schüler, besonders jüngere und pubertierende, neigen dazu, falls etwas nicht klappt (die Bahn fährt nicht pünktlich, die Sonne scheint nicht, die Shoppingmöglichkeiten vor Ort sind nicht zufriedenstellend usw.), sich emotional dadurch zu entlasten, dass sie sich einen Sündenbock suchen. Dieser jemand sind in aller Regel Sie! Sie können diesen Automatismus mithilfe einer kleinen paradoxen

Intervention ad absurdum führen. Basteln Sie sich schon im Vorfeld einen hübschen „Ich bin schuld"-Button, den Sie sich in der konkreten Situation ans Revers heften. Es ist erstaunlich, wie schnell den Schülern durch diese kleine selbstironische Maßnahme der Wind aus den Segeln genommen und bei einigen sogar ein Denkprozess in Gang gebracht wird (Tipp 25).

❯ Tipp 25

82

Kein anderer Aspekt von Klassenfahrten ist mit so vielen Befürchtungen seitens der Lehrer und so vielen legendären Geschichten seitens der Schüler verbunden. Während Sie darum bemüht sind, ihr Schlafdefizit nicht allzu groß werden zu lassen, sieht man das in den Zimmern Ihrer Schüler mehr als gelassen. Mit anderen Worten: Konträrer könnten die Interessenslagen kaum sein.

Die Strategien auf Lehrerseite reichen dabei von Ohrstöpseln und abgeschlossener eigener Zimmertür bis zur Flasche Wein auf dem in den Flur gestellten Tisch. Beides Varianten, die wir nicht empfehlen würden. Sie sollten stattdessen versuchen, den goldenen Mittelweg einzuschlagen.

Interessensausgleich

Um die Ecke gedacht

Achten Sie bereits bei der Verteilung der Zimmer darauf, dass sich daraus für Sie günstige Voraussetzungen ergeben (Tipp 72, 79). Trennen Sie die beiden Geschlechter räumlich so weit wie möglich und platzieren Sie sich selbst zentral. Zimmer, bei denen Sie befürchten müssen, dass es zu „Unregelmäßigkeiten" kommt, sollten nicht nebeneinander und nicht allzu weit von dem Ihren entfernt liegen. Notieren Sie sich sofort, wer in welchem Zimmer untergebracht wurde, sonst kann man schnell den Überblick verlieren.

❯ Tipp 72, 79

„Drei-Runden"-
Strategie
Wichtig ist eine klare und realistische Ansage Ihrerseits, wann die Schüler abends auf ihren Zimmern sein müssen und wann die eigentliche Nachtruhe (normalerweise etwa eine Stunde später) beginnt. Ist dieser Zeitpunkt gekommen, sollten Sie eine einfache „Drei-Runden"-Strategie verfolgen:

1. **Zimmerrunde:** Sind alle Schüler in den Zimmern und vor allem auch im richtigen Zimmer?
2. **Gute-Nacht-Runde:** Hinweis darauf, dass nun das Licht zu löschen ist und höchstens noch leise geführte Gespräche stattfinden dürfen.
3. **Kontrollrunde:** Etwa eine Stunde nach der Gute-Nacht-Runde sollten Sie einen Kontrollgang durchführen, bei dem Sie ein Zimmer nur dann noch einmal betreten, wenn ganz offensichtlich noch keine Ruhe eingetreten ist oder andere „Verdachtsmomente" aufgetreten sind.

Sind diese drei Runden absolviert, können Sie sich im Normalfall mit einem guten Gewissen und relativ beruhigt in Ihr Bett legen. Wenn Sie jetzt tatsächlich noch einmal raus müssen, weil Sie durch irgendetwas aufgeweckt oder gestört wurden, ist ein Donnerwetter mit konkreter Androhung von Sanktionen fällig (Tipp 26, 84).

❯ Tipp 26, 84

SOS-Tipp

Eine mögliche Reaktionsweise bei wiederholtem Fehlverhalten einzelner Schüler, die sich als ausgesprochen wirksam herausgestellt hat, ist der sofortige – auch oder gerade nachts um drei Uhr – Anruf bei den Eltern auf Kosten des betreffenden Schülers.

Gleich mal ausprobieren

Sprechen Sie im Vorfeld mit Ihrer Klasse und machen Sie den Schülern klar, dass Sie nicht als Spielverderber oder als Wachtmeister mitfahren, sondern lediglich gezwungen sind, bei nicht zu übersehenden bzw. zu überhörenden Verstößen gegen die Nachtruhe einzuschreiten.

83

Das Thema Nachtruhe ist – das kennen Sie, wenn Sie schon Klassenfahrten unternommen haben – ein ständiger Streitpunkt zwischen Schülern und Lehrern. Sie möchten irgendwann auch mal Ihre Ruhe haben, die Schüler würden gerne so lange wie möglich wachbleiben, sogar noch viel lieber die Nacht durchmachen.

Achtung!

> Sie tragen die Verantwortung dafür, dass die Schüler einen geregelten Tagesablauf mit Aktions- und Erholungsphasen haben (Tipp 74, 80, 84). Dazu gehört, dass die Schüler regelmäßig genug essen und trinken und sich ebenso genug bewegen und ausruhen.

❯ Tipp 74, 80, 84

Die Hausordnung der Einrichtung, in der Sie wohnen, gibt die Nachtruhe vor und ist für Sie ein gutes Argument für eine geregelte Ruhezeit (meist 22 Uhr). Gelingt es Ihnen, dass Ihre Schüler schnell einschlafen, dann garantiert dies allerdings, dass am nächsten Morgen die ersten Schüler um vier Uhr über die Gänge toben.

Hausordnung

Versuchen Sie es mit dieser Methode: Im Vorfeld wird vereinbart, dass sich die Schüler durch eigenes Verhalten für jeden Abend eine spätere Schlafenszeit erarbeiten können. Wenn die Schüler am ersten Abend zur verabredeten Zeit in den Betten liegen, das Licht ausgeschaltet ist und Ruhe herrscht, dann können sie am nächsten Abend 15 Minuten länger wachbleiben. Halten sie sich nicht daran, müssen sie 15 Minuten früher ins Bett.

Schlafenszeit verhandeln

Achtung!

> Am ersten Abend sollte es klappen, auch wenn Sie vielleicht beide Augen zudrücken müssen. Am zweiten Abend funktioniert es – oder auch nicht. Auf jeden Fall müssen die Schüler merken, dass es, wenn es nicht klappt, am nächsten Abend wirklich 15 Minuten früher ins Bett geht.

Länger wach
bleiben

❯ Tipp 85

Die Schüler haben durch ihr eigenes Verhalten also die Möglichkeit, im Laufe von vier Tagen (Montag bis Freitag (Tipp 85)) die Zeit bis zum ins Bett gehen um eine ganze Stunde zu verlängern. Muss am ersten Abend für die Zehntklässler um 23 Uhr absolute Stille herrschen, so könnte es am letzten Abend immerhin 24 Uhr sein.

SOS-Tipp

Wenn es in einem Zimmer partout nicht still werden will, dann drohen Sie dem „Quatschkopf" an, dass er bei Ihnen im Zimmer übernachten muss, sollte er Ihnen Grund dafür geben, noch einmal ins Zimmer zu kommen.

84 DEN DRITTEN TAG MEISTERN

Klassenfahrten haben ihre eigenen Gesetze. Ein Phänomen, auf das man sich dabei ziemlich sicher verlassen kann, ist die Erfahrung, dass der dritte Tag der Reise über Erfolg oder Misserfolg der gesamten Unternehmung entscheidet. Häufig treten ernsthafte Probleme, was die Einhaltung der vorher festgelegten Regeln angeht, jetzt zum ersten (und hoffentlich auch letzten) Mal auf.

Genug
Abwechslung

❯ Tipp 72, 82, 83

Ihre Schüler haben sich in den ersten beiden Tagen akklimatisiert, erste Kontakte geknüpft und Möglichkeiten und Abläufe (vor allem was das Lehrerverhalten angeht) ausgekundschaftet (Tipp 72, 82, 83). Nun besteht die stark erhöhte Gefahr, dass sie die gewonnenen Kenntnisse und erkannten Möglichkeiten in einer Art und Weise nutzen, die nicht unbedingt im Sinne einer harmonischen und für alle befriedigenden Fahrt ist. Sie sollten daher versuchen, dieser Gefahr aktiv zu begegnen und zwar am besten mit einem guten Tagesprogramm. Denn Blödsinn oder Disziplinprobleme ereignen sich fast ausnahmslos dann, wenn Leerlauf oder Langeweile auftritt oder die Schüler über zu viel individuelle Freizeit verfügen. Achten Sie also schon zu Hause bei der Grobplanung der Aktivitäten darauf (Tipp 63, 71, 80), dass Sie Ihr Highlight am dritten Tag platzieren, und seien Sie mental auf „alles" vorbereitet. Das ist zwar noch keine Garantie für ein Gelingen der Fahrt, aber es erhöht die Wahrscheinlichkeit.

❯ Tipp 63, 71, 80

Achtung!

Sollte es trotz Ihrer Bemühungen zu gröberen Verstößen kommen, müssen Sie vorbereitet sein, d. h. sich ein Bündel möglicher, abgestufter Sanktionen überlegt haben, die sich vor Ort auch wirklich umsetzen lassen (Tipp 36, 77). Entscheiden Sie über eine derartige Sanktion niemals ad hoc, sondern nehmen Sie sich immer die Zeit, alle Möglichkeiten und deren Implikationen in Ruhe mit Ihrem begleitenden Kollegen zu besprechen (Tipp 90). Ihre Reaktion ist von großer Bedeutung, da sie den weiteren Verlauf der Klassenfahrt maßgeblich mitbestimmen wird. Eine zu lasche Sanktion dürfte einzelne Schüler eher ermutigen, während Sie, wenn Sie im positiven Sinne ein Exempel statuieren, ziemlich sicher für den Rest der Reise Ruhe haben.

❯ Tipp 36, 77

❯ Tipp 90

Gleich mal ausprobieren

Der Austausch mit Ihrem Kollegen ist nicht nur hinsichtlich eines akuten Problemfalls unerlässlich, da Sie sich beide einig sein und die Maßnahme gemeinsam tragen müssen. Setzen Sie sich jeden Tag – am besten abends nach dem Essen – zusammen und ziehen Sie ein Fazit des abgelaufenen Tages. Diese abendliche „Teamsitzung" ist extrem wichtig, um das aktuelle Gruppenklima, mögliche Probleme, eventuell sinnvolle Änderungen des Programmablaufs oder präventive Maßnahmen zu besprechen. Die abendliche Besprechung zwecks Feinjustierung Ihrer pädagogischen Maßnahmen muss dabei keinen Arbeitscharakter haben, sondern darf durchaus auch entspannende Elemente beinhalten.

85 FREITAGS ZURÜCKREISEN

Wahrscheinlich fragen Sie sich, weshalb es denn so eminent wichtig sein soll, ausgerechnet an einem Freitag die Klassenfahrt zu beenden. Machen Sie sich zur Beantwortung dieser Frage bitte Folgendes klar: Sie sind ein bis zwei Wochen jeden Tag 24 Stunden lang im Dauereinsatz. Sie bauen ziemlich sicher im Laufe der Zeit ein immer größeres Schlafdefizit auf. Ihr gesamter Organismus steht permanent unter Spannung, alle Sinne sind voll aktiv. Sie führen unzählige Gespräche, treffen wichtige Entscheidungen, lösen Konflikte (Tipp 27) und besitzen bei all dem kaum Privatsphäre.

❯ Tipp 27

Um die Ecke gedacht

> Wenn sich nun eine weitere Frage in Ihrem Bewusstsein breitmacht, nämlich, warum um alles in der Welt Sie dann eine solche Fahrt überhaupt machen sollten, dann können wir nur darauf verweisen, dass Klassenfahrten zu den Ereignissen gehören, an die Sie selbst und Ihre Schüler sich später auf Klassentreffen am meisten erinnern werden und dass Sie nirgendwo sonst so schnell so viel über und mit Ihren Schülern lernen können (Tipp 8, 95).

❯ Tipp 8, 95

Zurück in den Alltag

Mit anderen Worten: Wenn Sie wieder nach Hause kommen, wird Ihr Akku mehr oder weniger leer sein. Sie werden Ihren „Alarmzustand" erst ganz allmählich herunterfahren können und nur schrittweise in die Normalität des Alltags zurückfinden. Am Ende einer solchen Fahrt ist es oft so, dass man sich plötzlich allein auf irgendeinem Bahnsteig wiederfindet. Eben war man noch umgeben von 30 aufgeregten Schülern und deren Eltern und nun fragen Sie sich, ob Sie die letzten 14 Tage vielleicht nur geträumt haben.

Kraft schöpfen

Deshalb ist es wichtig, dass Sie das Wochenende über Zeit haben, sich mal wieder richtig auszuschlafen, sich um Ihre Familie zu kümmern und natürlich auch, um Ihre Eindrücke zu verarbeiten und sich wieder auf den Schulalltag vorzubereiten.

86

Wenn Sie eine Klassenfahrt erfolgreich absolviert haben, sollten Sie diese auch auswerten. Warum? Ganz klar: Es ist zwar keine Klasse wie die andere, trotzdem können Sie aus dem, was gut und was schlecht lief, für die Zukunft lernen.

Bewertungsbogen: Klassenfahrt

Bewerte bitte die Klassenfahrt nach _____
mit den Noten 1 = sehr gut bis 6 = sehr schlecht:

	1	2	3	4	5	6
Vorbereitung der Klassenfahrt						
Hinreise						
Stimmung auf der Klassenfahrt						
Stimmung zwischen den Schülern						
Stimmung zwischen Schülern und Lehrern						
Essen und Trinken						
Unterkunft						
Programm						
Zeitverhältnis: gemeinsame Aktionen – Freizeit						
Rückreise						
Persönliches Wohlfühlen						
Neues dazugelernt/erlebt						
Organisation						
Gesamtnote	1	2	3	4	5	6

Was hat Dir besonders gut gefallen?

_____

Was würdest Du beim nächsten Mal anders machen?

_____

Was hast Du anders erwartet?

_____

Hast Du noch Ideen oder weitere Anmerkungen?
Schreibe sie hier auf:

_____

_____

Achtung!

Verzichten Sie auf eine derartig differenzierte Form der Befragung, wenn Sie das Ergebnis nicht auch hinterher mit den Schülern gemeinsam besprechen (und eventuell den Eltern auf der nächsten Elternversammlung präsentieren). Nur so merken und lernen die Schüler, dass sie mit ihrer Meinung ernst genommen werden.

87 AUSWAHL DER FACHLEHRER BEEINFLUSSEN

Sie sollten sich in Ihrer Funktion als Klassenlehrer nicht als Einzelkämpfer begreifen. Wenn Sie nicht mit Kollegen zusammen in der Klasse unterrichten, die zumindest annähernd die gleichen pädagogischen Grundsätze haben wie Sie selbst, wird es sehr schwer werden, Ihre Ziele in Bezug

> Tipp 7 auf die Klasse zu erreichen (Tipp 7). Versuchen Sie daher, auf die Zusammensetzung der Fachlehrer Ihrer Klasse Einfluss zu nehmen.

Wenn Sie mit den betreffenden Kollegen dann auch noch menschlich harmonieren, bietet dies den zusätzlichen Vorteil, dass man nicht extra über Klassenbucheinträge kommunizieren muss, wenn etwas in der Klasse nicht gut läuft, sondern in der Regel sowieso in den großen Pausen und in den Freistunden miteinander spricht. Außerdem kommt ein Kollege, mit dem man sich gut versteht, sicher auch als mögliche Begleitung für Klassenfahrten infrage.

Menschlich harmonieren

Gleich mal ausprobieren

Erstellen Sie in den Wochen vor den Sommerferien eine Liste derjenigen Fachlehrer, mit denen Sie gerne zusammenarbeiten würden, und sprechen Sie diese Kollegen dann direkt an. Anschließend gehen Sie mit Ihrer Wunschliste zum Konrektor.

AUF KRITIK DER KOLLEGEN REAGIEREN

Diese Szene kennt wahrscheinlich jeder Klassenlehrer: Ein hoch emotionalisierter Kollege stürmt in der Pause auf einen zu und schildert erbost: „Deine unverschämten Lümmel haben mal wieder ..." Wie soll man darauf angemessen reagieren?

1. Atmen Sie tief und ruhig durch und machen Sie sich Folgendes klar: Der sich entladende Zorn resultiert in der Regel aus einem Ohnmachtsgefühl des betreffenden Kollegen und gilt eigentlich auch nicht Ihnen, sondern den Schülern. Sie sind lediglich derjenige, der gerade als „Blitzableiter" zur Verfügung steht.

Nicht persönlich nehmen

2. Gehen Sie professionell mit dem kleinen Wörtchen „deine" um. Es ist zwar Ihre Klasse, aber Sie haben die Schüler weder persönlich in die Welt gesetzt, noch waren Sie in den entscheidenden ersten Lebensjahren für ihre Sozialisation zuständig. Im Übrigen ist die Zusammensetzung Ihrer Klasse weitgehend ein Zufallsergebnis, auf das Sie im Vorfeld selten Einfluss nehmen können.

3. Natürlich wird eine Reaktion von Ihnen erwartet:

- Fordern Sie Zeit ein, um angemessen reagieren zu können. Der Grundsatz „audiatur et altera pars", „man höre auch die andere Seite", gilt immer und hier ganz besonders. Lassen Sie sich den Vorfall auch aus der Sicht Ihrer ❯ Tipp 26 Schüler schildern (Tipp 26), bevor Sie irgendetwas unternehmen.
- Handeln Sie in Abstimmung mit Ihrem Kollegen. Entwickeln Sie eine Strategie und fragen Sie ihn, was er selbst für eine angemessene Reaktion hält.
- Machen Sie dem Kollegen klar, dass das Ganze zunächst einmal primär sein Problem ist, das er auch selbst in den Griff bekommen muss. Wenn Sie mit Ihrer Autorität als Klassenlehrer den Konflikt beenden, untergraben Sie sehr schnell die Position des Kollegen in der Klasse.

SOS-Tipp

Falls es immer wieder – und zwar mit verschiedenen Kollegen – zu ähnlichen Vorfällen kommt, sollten Sie zügig eine Klassenkonferenz einberufen, um ein gemeinsames Vorgehen aller Lehrer der Klasse zu koordinieren. Denn ❯ Tipp 39 dann haben Sie ein ernsthaftes Problem (Tipp 39)!
Handelt es sich aber immer um denselben Kollegen und ist er der Einzige, der ständig Schwierigkeiten mit der Klasse hat, sollten Sie versuchen, in dem Konflikt zwischen ihm und den Schülern zu moderieren. Bleibt auch dies erfolglos und hat der betreffende Kollege auch in allen seinen anderen Klassen massive Probleme, sollten Sie ihm vorsichtig klarmachen, dass das Ganze im Wesentlichen sein persönliches Problem ist und er seinen Unterrichtsstil verändern oder sich einen anderen Job suchen sollte. Das klingt sehr hart, ist aber letztlich die einzige Möglichkeit, wenn man nicht tatenlos zusehen will, wie beide Seiten (Kollege und Schüler) auf Dauer unter dem Zustand leiden ❯ Tipp 91 (Tipp 91).

89

Kollegen können nerven. Warum? Na, sie sind auch Lehrer, wissen auch alles besser und haben auch lange genug studiert, um der Beste in ihrem Fach zu sein.

Besonders in Ihrer Position als Klassenlehrer werden Sie es zu spüren bekommen, dass man gerne mal Arbeiten an die „richtige Adresse" delegiert oder aber man schnell mal von der Bildfläche verschwindet, wenn Aufgaben auftauchen, die eindeutig von dem „Verantwortlichen" selbst übernommen werden müssen. Und das sind in diesem Fall wohl Sie, der Klassenlehrer.

SOS-Tipp

> Auch Lehrer sind Menschen – oder: Lehrer sind auch Menschen. Sie haben gute und schlechte Zeiten, sind mal mehr und mal weniger ausgeglichen, können ihr eigenes Stresslevel gut oder schlecht handhaben.
>
> Gestehen Sie ihnen pauschal einmal im Monat einen schlechten Tag zu – und vergessen Sie einfach das Erlebte.

Manchmal geht der Ärger aber noch weit darüber hinaus. Der Kollege nervt grundsätzlich oder zumindest über einen längeren Zeitraum. Hier gibt es nun sicher viele verschiedene Möglichkeiten, damit umzugehen (Tipp 88). Eine weniger bekannte sei deshalb hier besonders erwähnt: LIEBEN Sie ihn gnadenlos NIEDER. Und wenn hier gnadenlos steht, dann ist das genauso gemeint.

❯ Tipp 88

Gleich mal ausprobieren

Niederlieben. Wie soll das gehen? Ganz einfach: Seien Sie einfach immer und nur lieb und nett zu dem nervigen Kollegen:

- Er grüßt wieder nicht und macht ein muffiges Gesicht: Sie grüßen freundlich und wünschen ihm einen guten Tag.
- Er kritisiert Sie völlig zu Unrecht: Sie signalisieren Verständnis für seine Kritik und sagen ihm, dass Sie gerne darüber nachdenken werden.

- Er kommt mit einer völlig unsinnigen Idee und will dafür gelobt und bewundert werden: Sie schenken ihm Anerkennung und lassen ihm seine Staralürren.
- Er ist völlig aufgebracht, weil Sie wieder dies oder das getan haben: Sie verstehen seinen Ärger und stellen ihm in Aussicht, dass Sie es in Zukunft wahrscheinlich anders machen werden.

Sie lassen ihn einfach nicht an sich ran und bleiben immer nett und freundlich. Lassen Sie sich einfach nicht auf seine Angriffe ein.
Das ist sicherlich nicht immer und überall die beste Methode, aber manchmal sehr wirksam und hilfreich. Probieren Sie es aus!

TEAMARBEIT NUTZEN

90

Wenn man allein etwas erledigt, muss man sich nicht mit anderen absprechen. Das ist zwar richtig, auf der anderen Seite ist es jedoch auch ganz hilfreich, gelegentlich ein Korrektiv zu haben.
Wenn Sie also mit einem oder mehreren Kollegen kooperieren, dann haben Sie nicht nur die halbe Arbeit, sondern können auch vom Rat der anderen profitieren.

Vorteile von Teamarbeit

Teamarbeit bedeutet tatsächlich Arbeitserleichterung. Überall, wo man Lehrkräfte, die in Teams arbeiten, befragt, äußern diese, dass diese Form der Zusammenarbeit deutlich mehr Vor- als Nachteile bringt. Die Vorteile liegen auf der Hand:
- Teamarbeit ist gesellig.
- In der Teamarbeit bekommt man von Kollegen Rückmeldungen zum eigenen Unterricht und zu den eigenen Planungen, die einem helfen, den Unterricht zu optimieren.
- Die Unterrichtsvorbereitung im Team ist nicht nur unterhaltsam, zusammen entwickelt man auch mehr Ideen als allein.

- Die gemeinsame Unterrichtsvorbereitung spart Zeit, weil arbeitsteilig gearbeitet werden kann.
- Klassen, in denen die gleichen Inhalte mit gleichen Arbeitsmaterialien behandelt werden, sind besser vergleichbar.
- Die Unterrichtsqualität verbessert sich durch Teamarbeit deutlich.

Gleich mal ausprobieren

Mit wem könnten Sie in Ihrer Schule im Team arbeiten, mit wem eher nicht? Denken Sie zuerst an die Kollegen, die in derselben Klassenstufe wie Sie oder Ihre Fächer unterrichten (Tipp 87). Erstellen Sie eine Liste mit drei Kategorien:

❯ Tipp 87

- Mit diesen Kollegen wünsche ich mir Teamarbeit
- Mit diesen Kollegen könnte ich zusammenarbeiten
- Mit diesen Kollegen ist eine Teamarbeit aus meiner Sicht nicht möglich

Grundsätzlich gibt es zwei unterschiedliche Modelle von Teamarbeit:

1. Es arbeiten Kollegen zusammen, die das gleiche Fach unterrichten (Fachteams).
2. Es kooperieren Kollegen, die in einer Klasse unterrichten (Klassenteams).

Natürlich sind beide Modelle auch miteinander kombinierbar. Je nach Situation in der Schule und je nach Klassenstufe.

KRITIK VON SCHÜLERN ERNST NEHMEN

91

In der Regel hat der Klassenlehrer nach einiger Zeit ein recht vertrauensvolles Verhältnis zu seinen Schülern aufgebaut. Das zeigt sich vor allem daran, dass die Schüler den Klassenlehrer mit ihren Problemen konfrontieren. Meist sind es Probleme mit anderen in der Klasse unterrichtenden Lehrkräften, z. B.:

- „Der Fachlehrer Xy kann uns nicht leiden."
- „Wir bekommen viel zu viele Hausaufgaben bei Frau Sowieso auf."
- „Frau Sowieso nimmt nur die Mädchen dran. Wenn man als Junge mitarbeiten will, hat man keine Chance."
- „Frau Sowieso und Herr Xy benoten ungerecht."
- „Herr Xy schreit nur rum und kommt immer schon schlecht gelaunt in die Klasse. Außerdem besteht sein Unterricht einzig und allein darin, dass er uns aus dem Geschichtsbuch vorlesen oder abschreiben lässt."

Nun sind Sie als Klassenlehrer in der Zwickmühle. Denn
1. wissen Sie, dass die Schüler eventuell mit ihren Behauptungen recht haben könnten, und

Frage der Loyalität

2. möchten Sie sich zwar einerseits nicht gegen Ihren Kollegen stellen, sich aber andererseits natürlich für Ihre Klasse einsetzen.

Achtung!

Ignorieren Sie Ihre Schüler nicht, wenn sie mit diesen Problemen zu Ihnen kommen. Denken Sie nicht: „Ach, das wird sich schon von selbst erledigen." Dann könnten Ihre Schüler ganz schnell den Eindruck gewinnen, dass Sie es mit ihnen nicht ganz ernst meinen und sich irgendwann gegen Sie stellen: „Unser Klassenlehrer kümmert sich ja sowieso nicht um uns. Wir sind dem egal."

Meinungsaustausch

Der beste Weg, das Problem zu klären, ist, den Kollegen anzusprechen. Wahrscheinlich wird dieser sein Verhalten zunächst rechtfertigen:
- „Die Klasse kann sich nicht benehmen, Was bleibt mir da anderes übrig, als hart durchzugreifen?"
- „Die Klasse ist so leistungsschwach, die Schüler müssen mal richtig gefordert werden."
- „Die Klasse ist nun mal leider nicht in der Lage, in anderen Sozialformen zu arbeiten, deswegen müssen die so viel schreiben."

Was also tun?

Erfahrungs-
austausch

- Berichten Sie Ihrem problematischen Kollegen, wie es bei Ihnen läuft und was Sie unternehmen, um mit der Klasse zurechtzukommen. Wahrscheinlich wird er Ihnen entgegnen, dass man es als Klassenlehrer ja immer leichter hat: „Bei den anderen toben die sich dann aus." (Tipp 88)

❯ Tipp 88

- Bieten Sie dem Kollegen an, bei ihm im Unterricht zu hospitieren – Teamarbeit bedeutet immer Qualitätsentwicklung (Tipp 90).

❯ Tipp 90

- Wenn Ihr Kollege seine eigenen Probleme wahrnimmt und versucht, daran zu arbeiten, dann besprechen Sie das auch mit der Klasse. Sagen Sie den Schülern, dass Kollege Xy versucht, sich zu ändern, und fordern Sie von der Klasse Respekt und Geduld dafür ein.

Um die Ecke gedacht

Eltern kommen ebenfalls gerne zu Ihnen und berichten, warum es mit diesem Kollegen oder jenem nicht funktioniert. Sie werden versucht sein, den Eltern entgegenzuhalten, dass sie das ja gar nicht wissen könnten, weil sie nie im Unterricht dabei seien. Verzichten Sie darauf. Denken Sie vielmehr darüber nach, wie problematisch das Verhalten eines Kollegen ist, wenn es sogar schon zum Gespräch beim heimischen Abendbrot wird.

Es gibt Situationen und Fälle, da reicht ein Gespräch unter vier Augen nicht aus. Eventuell braucht es dann einen Schlichter, einen Kollegen, mit dem Sie beide gut zurechtkommen. In ganz ernsten oder verfahrenen Situationen muss letztendlich die Schulleitung eingeschaltet werden.

Mediation

Um die Ecke gedacht

Machen Sie sich auf jeden Fall immer Notizen, wenn Ihnen Schüler von einem Problem mit einem schwierigen Kollegen berichten. So können Sie im Nachhinein besser nachvollziehen, seit wann Ihnen ein Problem und in welchem Umfang bekannt ist.

92

Am Ende eines Schuljahres werden Sie Ihre Klasse lieben oder hassen. Ist Letzteres der Fall, wird Ihnen der Abschied nicht schwerfallen. Weil Sie aber ein guter Klassenlehrer waren, werden Sie die Schüler eben doch irgendwie ins Herz geschlossen haben. Und dann tut es weh, wenn die Zeit als Klassenlehrer mit diesen Schülern zu Ende geht.

Trauer – Ventil für die Seele

Das ist normal, vorprogrammiert und auch nicht zu verhindern. Traurig zu sein ist ein wichtiges Ventil der Seele. Damit umzugehen, ist leider nicht ganz einfach.

Wie also lässt sich der eigene Abschied von der Klasse in den Griff kriegen?

Bewusst machen

1. Fangen Sie etwa ein halbes Jahr vorher an, sich das nahende Ende bewusst zu machen: In sechs Monaten ist es vorbei. Indem Sie daran denken und diesen Gedanken in den laufenden Prozess integrieren, entzaubern Sie das Schreckgespenst und lassen es mehr und mehr zur Normalität werden.

Highlights setzen

❯ **Tipp 94, 95**

2. Gönnen Sie sich noch ein paar Highlights. Planen Sie für die letzten Wochen Dinge, die für Sie und die Klasse noch einmal etwas Besonderes sind (Tipp 94, 95). Und zwar bewusst mit Blick darauf, dass es „das letzte Mal Grillfest" oder „die letzte Diskussionstunde" ohne Lehrplan sein wird. Im Bewusstsein, dass hier etwas zu Ende geht, werden diese Erlebnisse noch intensiver und bleiben somit im Gedächtnis.

Offenheit

❯ **Tipp 32**

3. Reden Sie offen über den anstehenden Abschied: mit den Schülern, mit den Kollegen, mit den Eltern. Zeigen Sie, dass Ihnen der Abschied schwerfällt, lassen Sie erkennen, warum es Ihnen etwas ausmacht. Seien Sie Mensch und bleiben Sie menschlich (Tipp 32).

Um die Ecke gedacht

Nichts ist schlimmer, als sich bis zum Ende vorzumachen, der Abschied sei ja etwas ganz Normales und nichts Besonderes. Dann fallen Sie vielleicht in ein Loch – Sommerloch! – und machen es sich somit viel schwerer, damit um-

> zugehen. Jeder Abschied tut weh, und das ist auch gut so (Tipp 99). Denn nur wenn Sie etwas gerne gemacht haben, wird es Ihnen schwerfallen, damit aufzuhören.
> Im Idealfall sollte der Abschied bereits am dritten Tag der Sommerferien verschmerzt sein – dann haben Sie es gut in den Griff bekommen (Tipp 96).

❯ Tipp 99

❯ Tipp 96

SCHLUSSPROJEKT INITIIEREN

93

Welche Erinnerungen haben Sie an Ihre Schule? Sicherlich fallen Ihnen – fast auf Anhieb – die Namen Ihrer Klassenlehrer ein. Aber mehr? Zelebrieren Sie den Abschied von einer Klasse, Sie und die Klasse haben es sich verdient.
Je schöner und intensiver Sie gemeinsam diesen Abschied voneinander nach zwei, drei oder vier Jahren feiern, umso besser bleibt Ihnen die Klasse in Erinnerung. Aber auch die Schüler behalten Sie in guter Erinnerung.
Dabei muss es nicht das gemeinsame Bungee-Jumping oder der Flug mit dem Heißluftballon sein. Oft reichen schon weniger spektakuläre Aktionen oder Projekte, um sich voneinander zu verabschieden.

Zur Erinnerung

Um die Ecke gedacht

> Haben Sie beim Kennenlernen einer Klasse am Anfang der gemeinsamen Zeit Steckbriefe der Schüler anfertigen lassen, so wäre es jetzt Zeit, diese wieder herauszuholen und den Schülern zu zeigen. Erinnern sich die Schüler noch, welchen Traumberuf sie damals angegeben haben?

Hier ein paar Vorschläge für Schlussprojekte:
- Die Klasse schreibt gemeinsam einen Roman. Das Thema, Hauptpersonen und die Handlung werden gemeinsam entwickelt. Drei Schüler schreiben immer gemeinsam ein Kapitel. Am letzten Tag wird das fertige Buch an alle Schüler verteilt.

Buch, Bild, CD, Reise

- Die Klasse gestaltet eine bisher ungenutzte Wand im Schulgebäude künstlerisch und verewigt sich damit selbst. Alternativ kann auch ein großes Bild gemeinsam gemalt und im Schulgebäude aufgehängt werden.
- Gemeinsam mit dem Musiklehrer werden alle Lieblingslieder der Klasse aufgenommen und für alle auf CD gebrannt (Urheber- und Nutzungsrecht beachten!).
- Gestalten Sie eine ganze Abschiedswoche mit verschiedenen Erlebnissen (Tipp 94).

❱ Tipp 94

❱ Tipp 95

- Erstellen Sie gemeinsam eine Abschiedszeitung (Tipp 95).

MIT ABSCHIEDSWOCHE HIGHLIGHTS SETZEN

94

Sie wagen es aus unterschiedlichen Gründen nicht, eine Abschlussfahrt zu organisieren? Dann ist das gemeinsame Planen und Durchführen einer Abschiedswoche eine gute Alternative.

Um die Ecke gedacht

Oft wird zum Abschied eine gemeinsame Klassenfahrt organisiert, die dann gerade bei älteren Schülern leider viel zu häufig dazu genutzt wird, noch einmal so richtig über die Strenge zu schlagen. Überlegen Sie vorher gut, ob Sie sich das zumuten wollen und ob Sie ein so gutes Vertrauensverhältnis zu Ihrer Klasse haben, damit gerade eine Abschiedsfahrt nicht zu einem bösen Ende führt. Schließlich denken sich leider manche Schüler: „Die Schulzeit habe ich (fast) hinter mir, was soll mir jetzt noch passieren ..."

Im Laufe einer Abschiedswoche gibt es jeden Tag eine andere Aktivität mit einem anderen Schwerpunkt. Alle machen mit – und jeder kommt mit seinen Bedürfnissen und Wünschen einmal zum Zug.

„Klassenfahrt" vor Ort

Sie planen also eigentlich eine Klassenfahrt, mit dem Unterschied, dass Sie nicht gemeinsam verreisen, sondern alle Aktionen in der Umgebung durchführen.

Schwerpunkte für fünf Tage könnten sein:

- Ein kulturelles Vorhaben, wie der Besuch eines Museums, einer Ausstellung oder eines Konzerts.
- Eine sportliche Aktivität, wie gemeinsames Bowlen, ein Schwimmbadbesuch oder ein Vormittag in einer Beach-volleyball-Halle.
- Ein kreatives Projekt, wie der Besuch bei einem Töpfer und das gemeinsame Schaffen einer Klassen-Skulptur oder Erinnerungstafel für die Schule (Tipp 93). ❯ Tipp 93
- Ein Spaß-Projekt, wie der Besuch eines Freizeitparks oder eine gemeinsame Fahrradtour.
- Ein richtiges Abschiedsfest, möglichst nicht in der Schule, sondern entweder in einem Jugendfreizeitheim, im Garten einer Kirchengemeinde, in einer Parkanlage oder im Garten eines Schülers.

Gleich mal ausprobieren

In der Klasse werden fünf große Plakate aufgehängt – für jeden Projekttag eins. Jeder kann vor Beginn der Planungen auf den Plakaten für den entsprechenden Projekttag seine Wünsche und Vorstellungen eintragen. Die Klasse wird zur Vorbereitung in fünf Gruppen eingeteilt, von denen jede einen Tag organisiert. Am Ende stellt jede Gruppe ihre Ergebnisse vor (Tipp 65). Gemeckert wird nicht, aber Verbesserungsvorschläge können von den anderen natürlich noch eingebracht werden. ❯ Tipp 65

ABSCHIEDSZEITUNG ERSTELLEN

95

Die Produktion einer Abschiedszeitung ist eine gute Möglichkeit, gemeinsam Erlebtes noch einmal Revue passieren zu lassen und gleichzeitig für die Zukunft die Erinnerung an Einzelne festzuhalten – nicht jeder ist bei Facebook, Stayfriends und Co (Tipp 14). Sie sollte ganz individuell sein – so, wie jede Klasse auch ihre ganz individuellen Eigenschaften und Eigenheiten hat. ❯ Tipp 14

Inhalte Was kommt alles in die Abschiedszeitung?

- Der Steckbrief mit Passfoto, den die Schüler am Anfang der gemeinsamen Schulzeit erstellt haben und der bis zum Abschied vom Klassenlehrer archiviert wurde,
- dem alten Steckbrief gegenübergestellt, eine aktuelle Fassung jedes Schülers, mit neuem Passfoto und den derzeitigen Kontaktdaten. Der Steckbrief kann lustige und ganz ernste Rubriken enthalten, wie: „Mein witzigstes Erlebnis mit …" oder „Darüber lacht man noch in 20 Jahren" oder auch „Schade, dass …",
- Berichte über alle Klassenfahrten und die besten Wandertage,
- Anekdoten aus dem Schulalltag („Weißt du noch, als …"),
- ein Zeugnis für den Klassenlehrer, aber auch für die Klassensprecher und die Elternvertreter,
- ein aktuelles Klassenfoto,
- die schlechteste Klassenarbeit,
- eine Sammlung der besten Bilder aus dem Klassenleben,
- eine Lehrer-Top-Ten.

Gleich mal ausprobieren

Die Klassenzeitung zu erstellen, ist natürlich nicht allein die Aufgabe des Klassenlehrers. Produzieren Sie sie am besten im Rahmen eines Pojekttages oder während einer Abschiedswoche gemeinsam mit der ganzen Klasse.

NEUE PERSPEKTIVEN ENTWICKELN

96

Abschied ist keine Endstation oder Einbahnstraße – es sieht nur manchmal so aus! Es ist ja nichts wirklich Schlimmes passiert. Das Leben geht weiter. Beim Akt des Abschieds stehenzubleiben ist deshalb wohl der falsche Weg: Abschied bedeutet immer auch Aufbruch und Anfang.

Neue Perspektiven Entwickeln Sie für sich eine Perspektive über den Abschied hinaus:

- Welche neuen Herausforderungen stehen an?

- Worauf können Sie sich freuen?
- Was ist plötzlich möglich, was vorher schwierig war?
- Was können Sie endlich hinter sich lassen?
- Wo entstehen Freiräume, die Sie neu füllen können?

Bauen Sie frühzeitig die Brücke zu dem, was nach dem Abschied kommt. Aber denken Sie dabei auch an Ihre Schüler. Es mag selten vorkommen, aber auch Schüler könnten Abschiedsschmerz empfinden und etwas wehmütig werden, wenn sie in Zukunft einen anderen Klassenlehrer bekommen oder sogar an eine andere Schule gehen.

Insofern gilt das Gleiche auch für Ihre Schüler: Basteln Sie zusammen an neuen Perspektiven und benennen Sie diese: **Aussichten für die Schüler**
- Was ist das Schöne an der nächsten Stufe in Richtung Schulabschluss?
- Welche neuen Aufgaben und Kapitel warten auf die Schüler?
- Wovon können sich die Schüler leicht verabschieden, weil etwas viel Besseres als Nächstes kommt?

Um die Ecke gedacht

Versuchen Sie erst gar nicht, Ihren Abschiedsschmerz gegenüber den Schülern zu kaschieren. Reden Sie lieber mit ihnen darüber, und lassen Sie dabei ruhig durchblicken, dass es Ihnen auch nicht leichtfällt, weil Sie die Klasse durchaus gerne mochten. Gefühle sind hier absolut willkommen – auch Schule kann und wird immer wieder emotional sein (Tipp 92, 99).

❯ Tipp 92, 99

Wenn Sie es schaffen, für sich und die Schüler angenehme und schöne Perspektiven zu entwickeln und zu benennen, dann wird der schlimmste Abschied zur Durchgangsstation und ist bald schon Schnee von gestern. **Kurzer Abschiedsschmerz**

97

Wenn Sie Ihre Klasse abgeben und sie erfolgreich geführt haben, werden Sie eventuell ein Abschiedsgeschenk erhalten. Abschiedsgeschenke sind gut für positive Erinnerungen. Manchmal sogar Meilensteine auf dem persönlichen Lebensweg.

Achtung!

Selbst hergestellte Geschenke (bemalte T-Shirts, Tassen, gerahmte Fotos usw.) können Sie bedenkenlos annehmen, bei anderen, auch größeren Geschenken, sollten Sie eventuell prüfen, ob Sie diese vor dem Hintergrund der Bestechlichkeit wirklich annehmen können.

Vielleicht möchten Sie Ihren Schülern aufgrund des positiven Effekts auch ein Abschiedsgeschenk bereiten? Dann sehen Sie bitte auf alle Fälle davon ab, hier viel Geld zu investieren – es sei denn, es gibt mit den Eltern eine Absprache, dass Sie z. B. von einem etwaigen Restbestand in der Klassenkasse (Tipp 46) etwas für alle kaufen können.

❯ Tipp 46
Individuell
schenken

Verschenken Sie lieber einen individuellen Gruß. Suchen Sie z. B. für jeden Schüler ein besonderes Gedicht, ein Zitat oder eine Geschichte heraus, kopieren Sie diese auf ein schönes Blatt Papier und überreichen Sie diese in einem Aktendeckel aus farbigem Fotokarton bei der Zeugnisausgabe an die Schüler. Ein paar individuelle Zeilen sind viel mehr Wert als ein Kugelschreiber oder ein Stück Seife.

Gleich mal ausprobieren

Mit wenig finanziellem Aufwand und etwas humoristischer Veranlagung können Sie die „Bescherung" auch sehr unterhaltsam gestalten. Suchen Sie kleine, unaufwändige Geschenke oder Symbole, die zu den einzelnen Schülern passen, und stecken Sie diese alle in einen großen Sack. Ziehen Sie das erste Geschenk heraus und lassen Sie die Schüler raten, für wen das sein könnte: Das Lineal für den Schüler, der nie die Überschriften unterstrichen hat, die Packung Kaugummis für den, der ständig vergessen hat, selbigen im Unterricht herauszunehmen, die rote Clownnase für den Klassenclown (der könnte auch den Baldrian-Tee bekommen), die Lupe für den ewigen Abschreiber, den Wecker für den Zuspätkommer usw.

BILANZ ZIEHEN UND SICH BELOHNEN

98

Etwas geleistet und erfolgreich beendet zu haben, verdient Anerkennung. Wenn Sie so auf das Ende Ihrer Zeit als Klassenlehrer zurückblicken können, dürfen Sie ruhig auch mal stolz sein. Sie haben das gut gemacht, und dafür gebührt Ihnen zu Recht Anerkennung.

Sicherlich werden einige Schüler das auch so sehen – und vielleicht auch das eine oder andere Abschiedsgeschenk für Sie vorbereitet haben (Tipp 97). Oder es erwartet Sie sogar ein Geschenk von der ganzen Klasse – dann haben Sie wirklich einen guten Job gemacht.

❯ Tipp 97

Aber seien Sie auch ruhig mal gut zu sich selbst. Klar, Eigenlob stinkt, aber es ist ganz wichtig, einmal in Ruhe Bilanz zu ziehen und sich selbst zu belohnen, wenn man etwas Außerordentliches geleistet hat.

Sich belohnen

Gleich mal ausprobieren

Selbsteinschätzung

Entwickeln Sie zuerst Ihren eigenen Notenschlüssel:

1 herausragend = ... (Belohnung eintragen)
2 sehr gut = ... (Belohnung eintragen)
3 gut = ... (Belohnung eintragen)
4 normal = ... (Belohnung eintragen)
5 geht so = Ist hier noch eine Belohnung gerechtfertigt?
6 schlecht = Hier gibt es keine Belohnung mehr, das müssen Sie in Zukunft besser machen.

Nehmen Sie anschließend eine Selbsteinschätzung Ihrer Leistung als Klassenlehrer vor:

	1	2	3	4	5	6
Schätzen Sie Ihre Leistung als Klassenlehrer selbst ein.						
Schätzen Sie ein, wie die Klasse Ihre Leistung beurteilen würde.						
Schätzen Sie ein, wie die Kollegen Ihre Leistung beurteilen würden.						
...						
Gesamtnote	1	2	3	4	5	6

Achtung!

Ganz egal, wie andere Ihre Leistungen bewertet haben. Hier dürfen Sie auch ruhig mal subjektiv sein. Wenn Sie zufrieden mit sich sind, denken Sie einfach über eine adäquate Belohnung für sich selbst nach. Das tut gut und motiviert.

TRAURIGKEIT ERNST NEHMEN

99

Abschluss finden

Das Schuljahr ist vorbei, die Klassenlehrerzeit zu Ende, alles ist geschafft und in trockenen Tüchern. Endlich Sommerferien und erst mal einige Wochen Nichtstun und Ausspannen – so war es geplant. Doch irgendwie will sich das Feriengefühl nicht richtig einstellen. Irgendwie haben Sie mit der Klasse noch nicht ganz abgeschlossen?

Dann halten Sie einmal kurz inne und schauen Sie sich das „komische" Gefühl genauer an. Vielleicht ist es ja einfach eine kleine Traurigkeit, die Sie bisher noch nicht zulassen konnten oder vorher einfach nicht verspürt haben.

Traurigkeit darf und muss sein. Aber Traurigkeit braucht auch einen Abschluss. Ihn zu finden, ist der Schlüssel für Sie, um endlich die Ferien genießen zu können.

Traurig sein

SOS-Tipp

Nehmen Sie sich hier sehr ernst! Trampeln Sie nicht auf Ihren eigenen Gefühlen herum. Lassen Sie sie zu! Auch ein Lehrer darf mal schwach sein. Das unterstützt Ihre Autorität eher, als dass es ihr schaden würde.

Gleich mal ausprobieren

Manchmal klemmt die Traurigkeit auch irgendwo fest. Sie merken, da ist irgendetwas, kommen aber nicht ran. Versuchen Sie es trotzdem. Lassen Sie das letzte Jahr noch mal Revue passieren (Tipp 98):

❯ Tipp 98

- Was hat Ihnen besonders gefallen?
- Welche Erlebnisse sind Ihnen nahegegangen?
- Welche Schüler haben sich merklich verändert und ihre Leistungen verbessert?
- Welche Eltern haben Sie gut unterstützt?
- Welches Feedback Ihrer Kollegen hat Sie berührt (Tipp 90)?

❯ Tipp 90

- Was ging gründlich daneben?
- Wo haben Sie einfach versagt?
- Was hätten Sie wirklich besser machen können?
- Wer hat Sie ungerecht behandelt (Tipp 60, 88)?

❯ Tipp 60, 88

- Wo ging alles drunter und drüber?

Lassen Sie einfach die Gefühle zu den einzelnen Erinnerungen zu. Ob es Lachen oder Weinen ist – ganz egal. Versuchen Sie alles noch einmal zu spüren – und dann machen Sie einen Haken dahinter.

LITERATURHINWEISE

Blum, Eva/Blum, Hans-Joachim (2006): Der Klassenrat. Ziele, Vorteile, Organisation, Verlag an der Ruhr: Mühlheim.

Christian, Hatto (2003): Das Klassenklima fördern. Ein Methoden-Handbuch, Cornelsen Verlag Scriptor: Berlin.

Friedrichs, Birte (2009): Praxisbuch Klassenrat, Gemeinschaft fördern, Konflikte lösen, Beltz Verlag: Weinheim.

Portmann, Rosemarie (2008): Die 50 besten Spiele für mehr Sozialkompetenz, Don Bosco Verlag: München.

(Die Verweise beziehen sich auf die jeweiligen Tipp-Nummern.)